U0041252

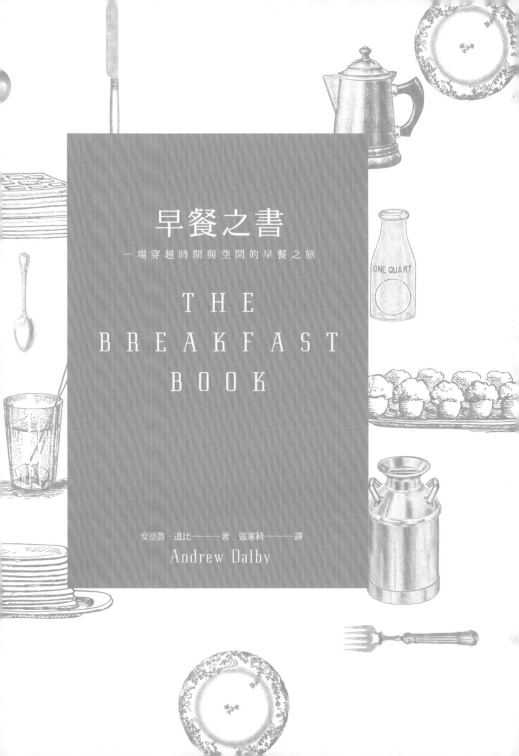

早餐之書

一場穿越時間與空間的早餐之旅

THE BREAKFAST BOOK

安德魯・道比———著 張家綺———譯
Andrew Dalby

目錄 │ contents

推薦文
一桌百味紛陳的精神盛餐

作家　蔡珠兒

　　如果有個外星人來地球，調查世界各地的早餐，他一定會昏頭吧，結果實在太龐雜，連一個台灣島都差很大，台北人吃美而美和星巴克，台南人吃土魠魚粥，喝牛肉清湯。

　　早餐與族群歷史，社會文化的淵源，遠勝任何膳食餐宴。你看，我們的午餐晚餐，甚至宵夜或下午茶，總是豐富像樣，變化多端，早餐卻不然，多半簡陋隨便，填飽湊數了事，而且固執戀舊，睜開眼的第一頓飯，總想吃熟悉的東西。

　　別人的早餐都吃什麼？多半是鹹還是甜？英國早餐為什麼特別豐盛？還有，早餐怎麼會叫「開齋」（breakfast）啊？早餐的課題太迷人，曾經是我想寫的書，幸虧沒寫成，如果寫出來，一定沒有這本書宏富精采。

　　作者安德魯・道比是語言學家，通曉拉丁、梵文和泰文等多種

語文，也是食物史專家，他淹雅博識，裝備精良，所以能領著我們縱橫開闔，穿梭歷史跨越各地，像外星人一樣人宏觀俯瞰，從語言、經濟、地理、科學、文學、人類學等等各面向，審視人類的早餐史，豐恣有趣，是一桌百味紛陳的精神盛餐。

前言

我十二歲看完以撒‧艾西莫夫（Isaac Asimov）的《原子的內在》（*Inside the Atom*）後（一九五六年出版，可能與其他吉姆叔叔每逢聖誕節送我的書一樣，是低價出清品），就知道我有天會寫一本關於早餐的書。書中說：「科學家聲稱原子的分裂就會像『你我每天早餐都吃馬鈴薯』般稀鬆平常。」艾西莫夫為何認為一般讀者的早餐都吃馬鈴薯，真讓人想不透！我遲早要搞清楚這件事。

我敢說全世界尚未出版過早餐史的書籍，就此我至少能說出一個理由。誠實的歷史學家在試著記錄像餐點和用餐時間等人類習慣歷史的同時，會想起並重複阿諾‧帕莫爾（Arnold Palmer）的警語（出自一九五二年出版的《流動的宴席》〔*Moveable Feasts*〕）：「此書並不屬實。」目光掠過，我引以為傲地發現：這些當真屬實？例如序曲提到橫跨三十二世紀的四份早餐出現驚人的巧合，這會是真的嗎？本書後記──戴默馬芬蛋糕（Damer's muffins）的悲歌也是真的嗎？而在第五章中預測《尤利西斯》（*Ulysses*）可能占據了意識流文學史上第二長

篇幅，專門探究一個人吃早餐的內心故事，這也是真的嗎？第五章將有豐富的篇幅來討論。

　　這或多或少算得上是一部全球史：第一章是有關早餐的歷史人物與語言學起源；第二章列出歐洲的編年史（這樣的故事，我相信唯有在歐洲大陸才能完整聽到）；地理史則放在第三章；早餐的社會與心理層面摘錄在第四和第五章。本書豐富的文字與圖片呈現出人們吃早餐時畫面。另外，還包括數據，不過數據向來不會透露太多訊息，關於早餐的數據更是少之又少。本書對早餐的精彩描繪，已遠勝過眾人對早餐的一般認知以及期待了。

序曲
四份早餐

世界第一份出現在文學著作中的早餐，是發生在西元前一一七四年希臘小島伊薩卡的山上。當時特洛伊慘敗給希臘大軍，時光過隙十載，奧德修斯（Odysseus）結束漫長的海上漂流，隱姓埋名回到家。

太陽冉冉升起，奧德修斯和尤茂斯搭起火，派牧人帶領著豬群前往野外放牧之後，兩人便在小木屋裡準備早餐……奧德修斯突然轉身對尊貴的豬農說：「尤茂斯，我聽見腳步聲，你的狗不但沒有吠叫，反而開心地在搖尾巴。你有朋友或熟人正朝著我們這裡走來。」

奧德修斯話語未畢，他親愛的兒子已經站在門前。尤茂斯詫異地跳了起來，手中正在混合攪拌烈酒的碗摔落……。

奧德修斯起身應門後坐下。豬農搭起一堆青綠樹枝並覆蓋上羊毛，讓奧德修斯親愛的兒子坐下，並在他們面前擺出一盤盤

前晚剩下的烤肉，沿著籃子內側很快擺好麵包，接著倒一杯香甜酒。他坐在神祇般的奧德修斯對面，三人紛紛吃起準備好的餐點。

若詩人的話所言不假，且特洛伊戰爭的傳統年表也是真的，就可證實這頓早餐千真萬確發生過，這本《早餐之書》也可就此揭開序幕。

然而事情沒有如此簡單。九位繆思女神曾向荷馬（Homer）的對手詩人赫西奧德（Hesiod）坦言：「我們知道要怎麼把謊言說得跟真的一樣。」詩人的靈感來自繆思女神，等於詩人也間接說了謊。我們都知道，《奧德賽》（Odysseus）這部世界文學經典是在特洛伊戰爭結束後數百年完成的，要是考古學家哪天達成共識，認定這場戰爭確實發生過，那麼日期就會由他們判定。現代的口述敘事詩研究員贊同赫西奧德跟繆思女神的說法，在經過時間流轉後，他們懷疑詩人口述的重大歷史情節是否依然可靠。這些重要情節包括奧德修斯的家鄉、時代、海上漂流的真實性；另外若是他真的曾參與過特洛伊戰爭，就還包括他與這場戰爭的相關總總都得一一檢視。我們要接受的，不只是要質疑這頓早餐是否真實發生過，還要接受另一種相反的可能性。

再來看另一頓文學作品的早餐，時間要追溯至伊撒卡後的一千兩百年，地點是提比利亞海岸東南方一千哩。

賽門・彼得、暱稱雙生子的湯瑪斯、來自加利利卡那的納薩內爾、哲貝達歐斯的兒子，以及兩位門徒在一起。賽門・彼得跟他們說：「我要去捕魚。」他們說：「我們跟你一起去。」

他們搭船出海，整晚一無所獲。

天色破曉之際，耶穌站在岸邊，門徒不知道那是耶穌。耶穌對他們說：「孩子，你們捕到魚了嗎？」他們回答：「沒有。」

祂又對他們說：「往船身右側撒網，就可以捕撈到魚。」他們照做，最後魚多到整張魚網都撈不上來。耶穌所愛的門徒對彼得說：「是我們的主。」

賽門・彼得一聽是主，光著上身的他立刻套上衣袍，縱身跳入大海游向岸。其他門徒搭船抵達海岸（他們離海岸不遠，僅約兩百腕尺），拖拽著滿載而歸的魚網上岸。他們一跳上岸邊，便看見地面有餘火，上面擺了條魚，還有麵包。耶穌對他們說：「拿幾條剛捕獲的魚來。」

賽門・彼得上前，把裝滿一百五十三條大魚的魚網拖拽上岸。雖然有這麼多魚，卻不見魚網破掉。耶穌對他們說：「快來吃早餐。」

沒有門徒問：「你是誰？」因為他們都知道是主。耶穌上前拿了麵包，連同魚一起遞給他們。

這是耶穌死而復活後，第三次出現在門徒面前。

一六三六至一六三八的油畫作品，林布蘭（Rembrandt）的《伯沙撒的盛宴》
（*Belshazzar's Feast*）。

　　我們從後面幾句話得知，報告事發經過的人是耶穌所愛的門徒，也是福音書的作者。有些人接受故事的真實，但很多人並不認同。要是我們接受，就等於接受了這段敘述是見證人的轉述，也就是這

頓早餐確實發生的強烈證據，證實事情曾發生在耶穌受難年（約西元三十五年）的提比利亞海岸。至於神祕訪客究竟是誰，尚待讀者自行決定。

接著是第三本文學作品的早餐。場景是伊撒卡西北方一千哩，

一三一一年的作品，杜奇歐（Duccio di Buoninsegna）的《提比利亞海上基督現身門徒前》（*Christ Appears to His Disciples at the Sea of Tiberias*）出自錫耶納教堂的祭壇畫，是該基督現身故事最早的畫作，描繪奇蹟般的漁獲。

英格蘭沙福克的弗雷辛菲爾。時光快轉至約一千兩百年後，故事出自著名的戲劇《貝肯修士與邦蓋修士》(*Friar Bacon and Friar Bungay*)。拉西勳爵和友人厄姆斯比及瓦倫連夜趕車，拉西要實現承諾，向看守人的女兒提親。她會接受嗎？

　　拉西：快啊，我的朋友，我們很接近看守人的小屋了。我經常走過這片水澤豐沛的草地，與可愛的瑪格麗特聊天……。

　　厄姆斯比：美麗的少女，妳就選吧，這是妳的選擇。想待在嚴謹的修道院，抑或宮廷？選擇上帝還是拉西勳爵？哪個較合妳意？

　　瑪格麗特：人的肉身脆弱，這點勳爵最懂，當他那迷人的面孔來到我面前，無論接下來發生什麼事，我都無法拒他於千里之外……。

　　厄姆斯比：敢問我的薩賽克斯勳爵，您在沉思什麼？

　　瓦倫：我在試著了解女人的天性，她們從未如此接近上帝，但求死於男人懷裡。

　　拉西：我們連夜趕路來到弗雷辛菲爾。早餐有什麼好吃的？

　　瑪格麗特：牛油和乳酪，還有鹿內臟，是卑微看守人屋中該有的食物。

　　拉西：一瓶酒都沒有嗎？

　　瑪格麗特：我們會為您備酒。

拉西：來吧，薩賽克斯，咱們進去——我們該多吃點，她故意說得微不足道，好方便履行承諾。

此事並沒有真實發生。在一五九〇年間寫出《貝肯修士與邦蓋修士》的羅柏特·格林（Robert Greene），對角色認識不多——尤其是亨利·拉西（Henry de Lacy），亦即愛德華一世時期的林肯（Lincoln）伯爵兼英格蘭護國公，對他的認識更是少之又少。拉西確實追求過一位名叫瑪格麗特的女人，但這是格林劇本中唯一一件真實發生過的事，也是一場巧合。歷史人物瑪格麗特是貴族，並不是看守人的女兒，況且她也不住沙福克：或許根本沒有這場在弗雷辛菲爾的會見，也根本沒有早餐。

以上關於早餐的描述都無法被視為是正史，事實上，幾乎稱不上是歷史，從社會歷史脈絡來看也不重要。早餐雖然並沒有紀錄，然而「最棒的早餐」、「值得回憶的早餐」——都會在記憶中存活再現。

問題一二

我們就開誠布公地來討論一日正餐的概念吧。食用正餐的時間可能是在中午、下午或傍晚、晚上或深夜：在不同文化裡，都有證實在以上時段吃早餐的證據，很多人一天會吃兩頓這類正餐。但正

常來說，一日正餐絕不會發生在清晨到近午間。簡單來說，較不重要的一餐是發生在其他餐食之前，在上午的某個時間點，餐飲內容可能包含可快速喝完的飲料和分量豐富的便餐。我們就稱這為早餐吧。

問題逐漸成形了。

首先，倘若我們正確歸納出早餐和其他餐點的不同，那重要正餐絕不在早上吃的原因為何？早餐的分量與紮實度是否依文化而有不同？年齡、平日活動、財力與身分是否可能造成不同？

再來要探討的是，早餐和其他餐時間的差異是否是一定的？每個人選擇的早餐內容都不一樣嗎？食物類型是否包羅萬象？還是差異沒有這麼廣泛？如果其他餐的內容選擇每天都千變萬化，早餐的內容是否也有這麼多變化？若非如此，我們對於早餐的態度為何如此保守？

從歷史觀點來看，是否一直以來都有早餐？每天的用餐時段，是否隨著時代改變？早餐的分量與內容是否變過？現在這些變化是否比以往迅速？上列我對飲食習慣的歸納，是否可套用在每個人或每個文化上？現在還可套用嗎？或者人類的行為已經沒有以前那麼受限於規則？

最後，人類的早餐行為是否各有不同？準備方式是否有差異？用餐方式與地點是否也有區別？在用早餐時交談的方式可能不同嗎？還是甚至完全不說話？人在早餐前、早餐時、早餐後的想法會有差

一八九二年的油畫作品，弗雷德里克·雷明頓（Frederic S. Remington）的《平原上騎兵的早餐》（*A Cavalryman's Breakfast on the Plains*）。

別嗎？

　　若是我們和古怪的人類學家的想法一致，也接受餐點具有自己的意義，那麼早餐是否也有它的意義呢？

答案一二

以上三種早餐敘述都提供了思想糧食（此為新用法）。但將三者放在同一個框架看，不僅如前所示帶出了問題：早餐的社會歷史著實值得探討，同時更提供問題的可能解答，尤其是最後幾個問題。早餐的本質可能與其他餐不同，這三頓早餐的描述當然具有共同特質，但在用餐時間與地點類似的情況下，晚餐的描述與早餐的特質則顯然不同。

第一，這些早餐不在計畫之內。每天清晨左右，「草地」放牧豬隻結束後，尤茂斯和豬農確實會吃東西，這無庸置疑，可是這份早餐不太一樣：早餐部分是由一個四處流浪、在此過夜的無名氏所準備。經過一夜捕魚，回到岸上的彼得和同伴都希望有東西吃，這點也無庸置疑，但這份早餐不太一樣：是一個早就在岸上生火、提供麵包的陌生人準備的，他們只需提供魚。

瑪格麗特的父親，也就是《貝肯修士與邦蓋修士》中的看守人，結束一早在田野或森林的工作回家後希望吃到早餐，這同樣也無庸置疑，但這份早餐不太一樣：雖意外，卻是他熱烈歡迎的客人連夜駕馬前來後所要求的餐點。

坦白說，以上三個敘述都有各自的獨特之處，若是要將故事普及化，就得跨越這些特點。第一個故事的乞丐是由尤茂斯昔日的主人奧德修斯喬裝的，可是這不是重點；他繼續喬裝下去，可想而知

無論他真實身分為何，他們還是以同樣方式吃早餐。岸上的陌生人是死而復活不久的耶穌，而漁夫整晚捕不到魚，拜耶穌的神蹟所賜，才正好在早餐前捕獲大量漁獲，可是這也不是重點；無論陌生人的真實身分為何，他都有麵包，漁夫要是走運，就捕得到魚搭配麵包吃。拉西追求看守人女兒的事，也牽扯入他與愛德華王子──亦即未來的愛德華一世的敵對關係，之後王子接受英格蘭王朝的宿命安排，娶了西班牙卡斯提爾的公主艾莉娜（Eleanor），可是這也不是重點；我們可以下結論，任何一位受敬重的客人，無論身分是皇室與否，都可來看守人的小屋吃早餐。

再者，這三份早餐的菜色與同時間、地點的晚餐菜色大異其趣，就拿一些來做比較。尤茂斯提供奧德修斯的是「一盤盤前晚剩下的烤肉」，把麵包放進籃子，搭配烤肉，還有一杯蜂蜜與甜味的酒──雖然籃子有好幾個，但馬克杯只有一個。我不必特別指出這與尤茂斯前晚準備的晚餐有何不同。一定有麵包和酒，無論大小餐點，這都是古希臘餐的基本內容，差就差在配菜。理論來說，世界各地普遍可見一個差異：

那就是特殊場合烤的肉（從荷馬時期的希臘乃至現代，無論是何時何地，只要是文學作品中的豐富晚餐，烤肉都是重要角色），和前晚剩下的烤肉是不一樣的。瑪格麗特提供拉西和他徹夜騎馬而腰痠背痛的同伴鹿內臟，羅柏特‧格林在劇本中，並未使用篇幅描述是內臟派，抑或製成香腸。除了內臟，還有牛油跟乳酪，有這兩者就

代表還有麵包；可想而知，麵包、牛油跟乳酪一定會同時出現，這些都是每天餐點的基本內容。這和看守人在小木屋中為客人準備的晚餐有何不同，也不必多問。文學作品中出現的晚餐會包括新鮮肉

一八七四年的油畫作品，莫內（Claude Monet）的《午餐》（*Le Déjeuner: panneau decorative*）。

品，幾乎都有烤鹿肉。一場懂得自重的晚餐根本不用拉西問：「一瓶酒都沒有嗎？」但該故事背景是中世紀的英格蘭，酒不會無端出現，也絕非早餐飲料。瑪格麗特要信守承諾的話：「我們會為您備酒」——很可能得跟鄰居借上一瓶酒。

　　這兩份早餐的配菜，都相當節儉或是前晚剩下的飯菜。提比利亞海岸的早餐跟這兩者不大相同。想當然一定有麵包，不過本來可能沒有配菜，陌生人對一整船回到岸上的漁夫提出第一個不尋常的問題：「孩子，有配菜嗎？」表示他認定若有配菜，肯定是剛捕獲的魚。假設漁夫的晚餐可能也是麵包配魚；或只有麵包好了，不過還是有差異，只是這段敘述沒能讓我們一眼看穿罷了。早餐供應的是小魚，易於煎烤，是最無利潤可言的魚，晚餐則是沒賣出的魚煮成的魚湯，搭配早餐時沒人有空採集的蔬菜與香草。至於味道，早餐很可能是一天中最美味的一餐。

　　我們從這三份早餐開始思索這幾個大問題。人們會選擇不同的早餐內容嗎？會。人們對早餐的想法不一樣嗎？對，是不一樣。早餐是即興準備的，並不面面俱到。通常沒時間慢慢準備，事發偶然。但說到早餐，愈出乎預料愈好；或可說是愈出乎預料，就愈值得記得。請讓我再引述第四個文學作品出現的早餐，加強這個說法。這部作品在七十年前完成，是約翰‧史坦貝克（John Steinbeck）的《憤怒的葡萄》（*The Grapes of Wrath*，一九三九）。這頓早餐「是這本小說中最長的一頓飯」，但我們只需引用短短一段。

假釋出獄的湯姆・喬德回到奧克拉荷馬州鄉間的老家，發現父母和全家人搬到加州落腳。他跟旅伴兼前牧師凱西日出抵達。老爸正在院子修理貨車，是第一個見到他的人。「我應該進去，然後說：『有人想吃早餐了。』」他爸覺得好笑地說，思考要怎麼給孩子的媽一

一九四六年的肯塔基州，運煤工哈利・芬一家的早餐時光。

個驚喜，告訴她寶貝兒子回來了。「她一會兒就會喊大家進去吃早餐了，我不久前才聽到她丟醃豬肉下去煎的聲音。」又是一頓出乎意料的早餐：老媽不知道家裡有兩張新面孔，其中一個還是她兒子。這家人並不富有，但他們跟弗雷辛菲爾的看守人家一樣，擁有的食物足夠招待客人。「『叫他們進來，』老媽說，這時還不曉得客人何方神聖，『我們還有很多吃的，叫他們去洗手。麵包做好了，我把佐餐肉裝個盤就好。』惱怒的油脂滋滋作響，從瓦斯爐傳來。」作者在這裡玩了一句當地用語：老爹的醃豬肉，即是老媽的佐餐肉，也有人則稱這種肉為培根。換句話說，早餐又是常見的麵包跟配菜，配菜是肉，是理想晚餐主食的豬肉，但又跟晚餐的豬肉不同。

> 「她從煎鍋撈起捲曲的豬肉片，烤箱門敞開，盛著棕色餅乾（biscuits）的大平底鍋就擱在那兒……『進來』，她說：『幸好我今早做的麵包夠多。』……她把麵粉灑上油脂，製作醬汁，沾到麵粉的手變得粉白。」

餅乾（biscuits，麵餅），這又是另一個當地方言，故事中的餅乾，其實就是老媽的麵包。有一點我很贊同老媽：很明顯，這種餅乾會浸在醬汁裡吃，我從不曉得餅乾有這樣的吃法。想要了解更多資訊，請見書後的食譜（第250頁）。

這頓早餐有個並未完全準備到位的特點，那就是並非所有人都

可以坐在桌邊吃飯，連在廚房找個地方站著吃都難。

「老媽揮走在醬汁碗上盤旋的蒼蠅，說：『我們沒那麼多位子可坐。』凱西被拜託做餐前禱告，『阿門！』奶奶語畢，整張臉埋進早餐，用她堅硬無齒的牙齦咬斷濡濕的餅乾⋯⋯在食物、咖啡一掃而空前，沒人再開口。」

這裡有一個跟古代早餐迥異之處。西元前一二○○年到西元一二○○年後的早餐，都沒有現代人習以為常的提神刺激性飲料——茶、咖啡、巧克力。

以上這四份早餐都有一大共通點。這個共通點與我平常吃的早餐特色不同。這些早餐都是在清晨吃，吃早餐的人很早就開始工作（尤茂斯的牧人、提比利亞海的漁夫和喬德老爹），或者經過舟車勞頓之後（鐵拉馬庫斯、拉西跟同伴、湯姆・喬德跟凱西），或者至少是替其他人準備早餐（尤茂斯跟奧德修斯、岸上的陌生人、喬德老媽）。這裡的例外很有意思：喬德奶奶和爺爺，他們都太老了，所以沒人指望他們做可靠的工作；此外，看守人的女兒瑪格麗特也是例外。我們不知道瑪格麗特在這之前做什麼，但她的確起床了，並著裝完畢外出。無庸置疑的是，不久她就得為父親和意外訪客準備早餐。

二十一世紀的我們很少在早餐前做事，除非是舟車勞頓，可能

一八八三年的油畫作品，亨利・土魯斯－羅特列克（Henri de Toulouse-Lautrec）
的《用餐前的羅特列克伯爵夫人》（*The Artist's Mother, Comtesse Adèle-Zoé de Toulouse-
Lautrec, at Breakfast, Malromé Chateau*）。

一大早出發，在路上用餐。若在家吃早餐，我們在下床、梳洗、穿衣、打開冰箱前並不會做事。這是第一個證據，證明現代早餐是一種革新。

第一章
早餐的起源與演變

　　人類食物史上最偉大的一項革命，就是新石器革命——與「革命」字面意思不同，其實這段過程耗時漫長。人類革新了飼養動物、栽種作物和貯存農產品的三大習慣前，並不知道下一餐會從哪來。當時可能仰賴狩獵時運氣好，也可能靠路邊發現的香草、水果、花卉、幼蟲、昆蟲來賴以充飢。男人供應烹煮獵物肉品，而小孩和女人採集來的食物則由女人負責烹煮。

　　新習慣帶動新石器革命的到來，引領世界各地在不同的時間點進入新石器時代。而在某些地方，人類不採納這種習慣，繼續沿用舊石器時代的狩獵採集方式生活。即使新石器革命有其效果，但也並非是立竿見影的。可以不栽種只要貯藏作物就好：既然蜜蜂和松鼠會這麼做，人類又何樂而不為呢？在想到肉品可醃製風乾作保存之用前，你能先飼養動物當作肉品來源。但換成是作物，若沒有儲存方式就無法大量耕作，由於幾乎所有主要作物都有季節性，不能

即刻吃掉的作物若未經貯藏，就等同耕作的辛勞全都浪費殆盡。學會貯藏穀物後可能又會發現，若宰殺幼小的動物，能夠獲得大量易烹煮與消化的肉品，因此省去飼養牲畜的力氣。而由於動物繁殖有季節性，所以一旦學會貯藏與保存肉品，就可以按照這種方法進行，避免過度的浪費。

知道如何貯存肉品和麵粉後，每天早餐就有培根和麵包吃了。這種作法很可靠，早餐能在一大早工作後重新賦予人類體力，補充在田裡工作一天所需的營養──直到某年五穀不興，或貯存的肉品和麵粉消耗殆盡，抑或被敵人趕出家園，整個系統崩壞，饑荒就會降臨。新石器時代的開端到《憤怒的葡萄》之間，存在著一種直線關係。

早餐出現前

假設新石器革命前還沒有早餐好了。

人類學家很少討論這一點，這並不表示我們想得比人類學家快而遠，能在他們想到前便提出關於早餐的問題，反而意謂著他們覺得這問題太明顯而瑣碎，不值得認真探究。人類學家透過觀察，注意到某個族群有早餐習慣，他們會以用餐時間、食物內容、男女小孩間是否有差異，來描述這種習慣。但在狩獵採集族群之中，他們的生活方式比其他現代人接近舊石器時代人民，而人類學家並未描

述他們的早餐。由於人類學家觀察力犀利、敏銳、身體健康，跟大家一樣也喜歡早上吃可頌、喝一杯熱巧克力，所以我們不得不假定，狩獵採集的族群並不吃早餐，所以人類學家才會隻字未提。

剛開始，我指望李維史陀（Claude Lévi-Strauss）能幫上忙，他在遼闊的亞馬遜盆地蒐集大量關於人類思想的資料（尤其是關於食物的思想模式）。在這地區，很多人種都過著狩獵採集的生活。像用餐時間這類的行為模式一定會反映在思想模式上。然而，不巧的是在李維史陀的四部《神話學》（Mythologiques）中，關於用餐時間的問題——不是用什麼方式、在哪裡吃什麼，而是一天內用餐的時間與規律性卻少有著墨。李維史陀的母語法文「早餐」（petit déjeuner）這個詞一次都沒出現過，除非這純屬我個人的誤解。而二十世紀用指「午餐」的法文字「déjeuner」也難見其蹤跡。這裡，我想並不表示李維史陀在原始來源中，沒注意到當地是否存在有早餐或午餐，也不是指他們對這兩種正餐沒興趣，而是在狩獵採集的族群中，早餐本身就是不存在。

原因很明顯，同時也解釋了沒提及午餐的原因。對現代狩獵採集的族群，及尚未進入新石器革命、年代遙遠的史前人類而言，他們沒有農業生產和季節性剩餘作物，當時尚無貯存食物的系統，每天多半時間都在採集、狩獵食物，任務結束後接下來的工作就是煮食剛採集到的食物。隨著寒冷季節到來，天色愈晚愈魆黑，採集食物自然而然跟著結束，因此可以順理成章地說，接下來的正餐就叫「晚餐」。而在炎熱季節，沒有必要一整天都在採集食物，因此自然

在正午，也就是炙熱達到高峰時結束採集；下午則隨性煮食，但稱為「午餐」可能不太恰當，因為這是一天最主要，甚至可能是唯一一頓飯。

成年人可以輕易調適自己，適應一天只吃一餐的模式，對很多人來說也沒問題。在散文《古代醫學》（Ancient Medicine）中，古典希臘作者知道當代盛行兩種日常飲食作息（時間是西元前五世紀後期，該作家可能是鼎鼎有名的希波克拉底〔Hippokrates〕）：

> 對某些健康的人來說，一天一餐很合適，也已成他們的慣例；有的人可以適應午餐習慣，則多會再選擇午餐來享用。也有些人隨心所欲，或視偶發狀況，在兩者間來回選擇。對多數人而言，選擇一天吃一餐，或是再多吃午餐，這種規則並不重要。但有的人即使只有一天飲食習慣不規律，仍會受影響，感到嚴重不適。就像不適合吃午餐還是吃了，很快會感覺身心懶散遲鈍、哈欠連連、睡意襲來、口乾舌燥，若接著吃晚餐就會排氣、胃絞痛和腹瀉。對很多人來說，即便只是把每天慣吃的一餐分量，分成兩餐吃，像這樣的改變仍會引發嚴重疾病。

先前談到一天一餐的模式，是新石器革命前的正常慣例，在希波克拉底的年代很普遍，現代就較少見。現在多數人都吃午餐，很多人也吃早餐。

從培根到乳酪

新石器革命在九千年前的近東展開，後擴展至希臘和伊朗，然後持續往東西兩方發酵，為人類帶來農業、食物貯藏與早餐。

原因現在清晰可見（從序曲探討四份文學作品的早餐可見端倪），那就是我們需要貯存食物以供早餐糧食上的需求。在人人吃早餐的年代，普通家庭沒有時間可以慢慢煮出完整的餐點。

香煎培根和其它種類的肉品、內臟還行得通，用貯藏穀物燉煮的粥口感濃郁，烤土司或煎烤麵包也沒問題，岸上的陌生人教船上的門徒烤的小魚也很完美。要是有人能半夜起床烤麵包（也許同時餵寶寶喝奶），能吃到新鮮烤麵包的滋味實在美妙。或像尤茂斯和奧德修斯一樣，重煎煮好的肉也可以，或是煮好的隔夜肉也能夠冷食。

一九二六年，路特・皮斯（Lute Pease）的卡通《包德彼得歷險記：厚鬆餅早餐》（*Adventures of Power Pete:Flapjacks for Breakfast*）。厚鬆餅（flapjacks）在美式英文中指的就是鬆餅（pancakes）。

以上都不是問題。當破曉之際，這些早餐的點子不消幾分鐘就做得出來。

要是一開始沒有製作麵包的麵粉、沒有預前醃製乾肉，就無法從容享受早點。要是按照狩獵採集的習慣，前一晚就吃光皮酥內嫩的烤肉，就不會有早餐。早餐首度在新石器革命現身，之前還不見蹤跡。

可惜菜色還是有限。考古學家普遍的看法（並非所有人都贊同此觀點）：新石器時代早期豢養動物的主要目的是為了獲得肉品。當初還沒人想過飲用動物乳品，如果理論學家說的沒錯，新石器革命後約三百年發生了「副食品革命」，引進羊毛與乳品的使用。這類產品有個特殊性，那就是在不宰殺動物的情況下即可獲得，動物還會持續製造毛皮與乳品。但若想不浪費又經濟地使用乳品，就需要特殊處理。在前現代的環境裡，乳品無法新鮮保存超過幾個小時，運送也是完全不可能。在冰箱發明之前，就連牛油的用途都不廣泛。牛油製作很費工，若不想造成浪費，就得費盡心力地貯存。當有人發現保存乳品的高營養價值，並把乳品製成乳酪時，真正的革命才降臨。乳酪要是製作、保存良好，可以保存上至數周、數月，甚至數年。

對古埃及人、蘇美人、美索不達米亞地區的後人、西臺人和史前希臘人來說，乳酪是眾所皆知的食物。寫出《奧德賽》的詩人也熟知，我們也是多虧野蠻的車輪眼巨人才知道的。當時奧德修斯還差點逃不過他的手掌心。

十七世紀的油畫，弗羅里斯‧梵斯霍藤（Floris Gerritsz. van Schooten）的《早餐》
（*Breakfast*）。

車輪眼巨人不僅吃人，還製作乳酪。所以在尤茂斯的農場裡，
早餐沒有乳酪的機率微乎其微：他當然只是豬農，不是牧羊人，可
是牧羊人米朗修斯（Melanthios）也來自同一個經濟單位，自然會製作
乳酪。我們如果相信（有的人過去深信不疑，有些古典學家現在或許
依舊相信），《奧德賽》描述的生活方式完美合理，是人類靠自身苦壯
得來的卓越進步，那尤茂斯的早餐中不見乳酪可能非屬巧合：肯定
是經過理性思考的證據，甚至是精算後的節儉。前一晚，尤茂斯大

方宰殺一頭乳豬，煮給意外來訪的客人「喬裝成乞丐的奧德修斯」當晚餐。當天還有剩肉，而在荷馬的世界裡沒有浪費二字，所以他們早餐得吃掉剩肉。暫且不談荷馬世界的理論，我們先記得這個例子，之後還會讀到更多用前一天剩菜做早餐的案例。

尤茂斯的早餐沒有乳酪，提比利亞海岸只有麵包和魚，喬德家被迫放棄的農場也沒製造牛奶或乳酪，所以無法供應。序曲引述的四份早餐中，只有一份早餐提供乳酪——看守人女兒瑪格麗特做的早餐，她說除了牛油和乳酪，還會有「鹿內臟」。

早餐歷史的來源

新石器革命是考古學的一大里程碑，更針對我們的提問開啟假設。假若我們接受了副產品革命曾經發生，接著就有第二個更紮實的里程碑：從那個時候起，開始出現其他貯存食物，更成為可能製成早餐的材料。

考古學告訴我們這些早餐的諸多歷史，但僅此而已。理由很明顯了，食物本身已經留下豐富的考古學證據：肉品煮食過後的骨頭、用來烹飪調味的種子，以及製作、盛裝、運送與準備食物與飲料的容器、陶器跟刀具，此外還有植物跟農產品的殘骸。經歷時代更迭、各地流轉，可能已經發展出一份人類食物的詳細清單。新食物出現時，我們通常可以清楚明確說明，有時甚至可以區別富足優越地位

者和窮苦人家的食物差異。「墳墓中的人骨」讓我們看見營養不良與飢餓的跡象——提供更多享有與缺乏食物的證據。

但這些與日常飲食模式無關,《古代醫學》正確告訴我們,人可能一天吃一至兩餐,甚至更多餐,隔不同時間長短吃等量食物。有人吃午餐,有人不吃;也有人吃早餐,有人不吃。但考古學什麼都沒透露,所以我們只能猜測早餐跟晚餐的內容不一樣。考古學家可能找得到這些食物的證據,但無法證實哪些是早上吃的,哪些是晚餐。從考古學的證據來看,我想我們的猜測永遠沒有解答。

這就是為何早餐的歷史要從四大來源開始寫,且絕大部分取材於此。

來源之一是當代的文字紀錄。之所以特地說是「當代」,是因為有必要強調文學的實用目的,僅有展示文學作品背後該年代的社會歷史。我們再回頭檢視序曲中引述的四份早餐,它們可能是恆久的早餐範本,並且具有其目的的。有一件值得注意又有趣的事實,就是其中三份早餐正巧相隔一千兩百年,但要用來當作早餐的社會歷史標本的話,則必須重新歸類。

我在此公開,其中兩個是歷史小說。

《貝肯修士與邦蓋修士》述說拉西的故事與他對瑪格麗特的愛情,著於一五九〇年。用意是搬上倫敦戲院舞台,娛樂伊莉莎白時期和(結果變成)詹姆士時期的觀眾,更在接下來的四十年成功實現了目標。觀眾很享受歷史劇,悲劇和喜劇皆然,但對社會歷史卻不甚了

解、關注。有些時候，就算羅柏特・格林等戲劇學家稍有了解，但他們曉得戲劇不該變成上課。伊莉莎白時期的歷史劇呈現描繪的餐食，是伊莉莎白時期的餐食，詳盡的場景細節帶給觀眾一股歷史氛圍。因此一五九〇年看守人小木屋的早餐經改寫成小說，在伊莉莎白的舞台演出，呈現出來的不是一二五〇年的早餐。

奧德修斯返回伊撒卡的故事立場也相同。《奧德賽》的目的，就是讓觀眾能開心觀看西元前七世紀的英雄故事。效果當然是達到了，更持續娛樂觀眾很長一段時間，遠遠超出作者的預想。早期的觀眾和取悅觀眾的詩人，對社會歷史一無所知，唯一可以提供關於社會歷史資訊的紀錄，就是口述敘事詩傳統，雖然看似一成不變，實際上卻經歷變化多端。古希臘史詩的餐點，就是西元前七世紀的餐點，經過活生生的口述傳統語言撰寫、描繪、編成小說，可不是西元前十二世紀英雄食用的餐點。

另外兩份早餐發生在當代。約翰・史坦貝克敘述的是他身處的年代。他知道加州和奧克拉荷馬州是什麼模樣，他的目標在說服讀者當時就是這樣，當代也很需要改變。無論約翰福音書的作者是否真的是耶穌最愛的門徒，抑或是否真的參與了岸邊的早餐事件，事發幾年過後他描述的故事，有充分理由讓事件細節看似真實，而目標就是在說服讀者事情確實發生過。這兩個引用的片段撩撥起一個問題，究竟在早餐的社會歷史上，關於真實發生過的早餐描述「貨真價實的歷史事件」，應獲得的尊重是否多過虛構的早餐。它們提出

了問題，更用長篇幅表示，這對社會歷史學家來說，其中差別為何這麼不重要？我們不知道是否該把岸邊的早餐當成簡單的事實陳述，也不知道史坦貝克是否曾在奧克拉荷馬州吃過類似故事中的早餐，只知道作者希望有人閱讀他們的心血結晶，並且認真看待。這與回憶錄、傳記和歷史著作作者和我們的關係一致，他們闡述的是真實

一九一○年左右，尚恩・里昂・杰洛姆・菲利斯（Jean Leon Gerome Ferris）的《賓州之誕》（*The Birth of Pennsylvania*）。一六八○年，威廉・潘出現在查理二世的早餐桌上。

發生過的早餐：他們為觀眾而寫，雖沒發誓說的話屬實，但目的就是希望有人讀他們的著作，並且認真看待。他們與真實之間的距離，可能跟約翰‧史坦貝克與福音書作者約翰相同，也可能更遠或更近，全視他們如何在記憶與空間，以及他們希望有人閱讀的目標兩者間取得平衡。

歷史上的早餐，最具條理且逼真的描述，就屬持續為英國皇家立法的《家庭法令》（Household Ordinances）。「王后每年的早餐花費預估是七十英鎊」就是《艾姆罕法令》其中一例。一五二六年，湯瑪斯‧沃爾西（Thomas Wolsey）樞機主教短暫服務皇家期間，在辦公室鉅細靡遺地將這套法令草擬成案。這些都很好。但除了得知王后家裡有供應私人早餐（當時的王后是阿拉貢的凱瑟琳〔Catherine of Aragon〕）外，其他的我們一無所獲。若她有用早餐，她吃了多少？共有多少人一起用餐？究竟花了多少錢？沃爾西編列的年預算是七十鎊，可是《艾姆罕法令》和其他的法令一樣，冗長無趣地贅述過去為何無法達成節制預算的目標。所以我們可以合理懷疑，這次是否真達到沃爾西的目標預算。

歷史上的早餐裡，最美味又變化多端的，全記錄在山謬‧派比（Samuel Pepys）的日記。以下擷取一段派比的紀錄，日期是一六六〇年五月二十五日，描述查理二世偕同兩個兄弟——約克公爵詹姆士和格洛斯特公爵亨利，經過九年的放逐，以凱旋之姿返家。在路上，在抵達多佛前，他們在船上吃最後一餐。

早晨，我們已經接近陸地，眾人準備上岸。國王與兩位公爵在上岸前用了早餐。擺在他們面前的是船上餐點，主要目的是讓他們知道船上人員都吃什麼：後來除了豌豆、豬肉跟水煮牛肉，他們沒吃別的。我跟約克公爵談正事，他喊我派比。

　　派比很驕傲地宣布此事，他一直急著希望獲得他人關注，特別是這名放逐皇室成員的隨從，當時正在爭取未來執政的地位。

　　這段摘自派比日記的段落，是真實歷史。我們知道菜色，認識這三位早餐客，更知道他們吃了什麼（最後以葡萄酒收尾？可以這麼說，只是沒記在日記中）。我們知道他們人在何方──幾乎可以聽見水花拍打、橫梁嘎吱作響的聲音。但這頓早餐屬於特殊情況，畢竟皇室公爵不是每天早餐都吃「豌豆、豬肉和水煮牛肉」。他們吃的是船長每兩天供應皇室成員精心備好的早餐，不過派比沒說出內容。現在，有人要求知道「船上餐點」是什麼，菜色主角也曝光了，其他有幸和皇室共處特等艙的乘客詫異發現，皇室成員竟大氣有禮地扒個一乾二淨。很多看似事實陳述又很尋常一般的相似紀錄告訴我們的，只有這些光怪陸離或出乎意料的事。

　　其他紀錄提供了一個結論。一九五四年的《皇室大廚》（*Royal Chef*）中，維多利亞女王（Queen Victoria）的早餐敘述就是最好的例子。

加伯利亞‧朱米（Gabriel Tschumi）在溫布頓退休後，對喬安‧鮑威（Joan Powe）侃侃而談他的回憶，寫成此書。

有人告訴我，維多利亞女王會起床享用早餐，和一或兩名皇室家族成員在溫莎古堡迴廊中央的橡木小餐廳用餐。據聞，她的早餐通常是一顆水煮蛋，擺盤精美華麗。聽一位管家說，她用的是黃金蛋杯跟黃金湯匙……。

多數皇室家族成員吃的早餐更有模有樣。先從一道蛋料理開始，可能是陶鍋煮蛋，隨後是五花培根，接著烤鱒魚或比目魚、炸肉排、排骨或牛排，最後上的是烤山鶉、鵪或雞肉。

「有人告訴我」可能是一種警告，說明朱米並不是真的知情，但不確定他是情有可原的。多虧他的表姊露易絲，是維多利亞女王的著衣女僕，他才得到第一份在白金漢宮廚房的工作。即使他沒有在溫莎觀察女王的日常生活，露易絲卻見證了這一切：畢竟她是每天早上協助女王「起床早餐」的人。朱米歸類的公開意圖，才是真正的警告。以上食物都在早餐上桌，但我們並不知道（至少從這段引言或這本書），哪位維多利亞女王的家族成員早餐很豐盛，誰又不幸要跟她坐在私人餐桌上吃「擺盤精緻華麗的水煮蛋」。我們不知道餐桌上的菜他們總共吃了多少，也不知道他們的早餐，甚至女王的早餐是否每天都有變化。我們可以想像桌上會有茶和咖啡，不過紀錄並沒

有特別指出。更值得擔心的或許是，朱米的故事實質上已經過影子作家的過濾。不過幸好對社會歷史學家來說，喬安・鮑威顯然不餘遺力地描述菜色和食譜。結果《皇室大廚》的早餐說服力和小說中的早餐一樣，作者的目標或許只是運用可信餐點的呈現，當作不大可能情節的轉折背景。

最後一個例子，我們回到皇室法令，來看一部比沃爾西更早的法令。《國王家屬黑皮書》（*Liber Niger Domus Regis*），編於一四七五年，焦點在食物而非預算。

> 國王的早餐，是兩條麵團製成的四份小麥麵包、上等白麵包、當日肉品，以及半加崙麥芽酒。

以上提供我們三條重要資訊。第一，有各式各樣的麵包：就算是「私人」早餐，還是有少數幸運兒吃得到上等白麵包「國王麵包」——國王自己當然也名列其中。沒那麼幸運的眾人，只能吃小麥麵包。第二，半加崙麥芽酒點出，不管羅柏特・格林和他的觀眾怎麼想，就算是英格蘭身分地位最崇高的人，也不是每天早餐都喝葡萄酒。第三，「當日肉品」是來自廚房的冷肉，資料顯示用來服侍國王的剩菜是「隔夜剩下的烤肉」，而不是培根、火腿或內臟。但這裡的「國王」是誰？有人可能覺得是愛德華四世（Edward IV），但這份奇怪的資料卻先以所羅門王、神祕的路德王、不為人知的卡西維勞・

努斯酋長的家庭調查開場。接下來針對愛德華四世家庭的分析是虛是實，也模糊不清。但現在我們知道，這對社會歷史學家並不重要。

除了「當代文字紀錄」，早餐史的第二個來源是「研究與比較」，人類學家則是以此維生。這種作法並沒有提供新資訊，只不過讓我們能解釋目前的資訊。「比較」兩種典型的肉類早餐：隔夜剩菜、前晚煮好的肉和醃製肉品與內臟——這一點讓我們想問，查理二世食用的「豬肉跟水煮牛肉」和維多利亞皇室早餐的「炸肉排、排骨或牛排」，究竟是冷是熱？是新鮮煮好的還是再經加熱的餐點？

第三個來源是我們一般說的「肖像研究」。在十九和二十世紀初的藝術中，早餐已是很普遍常見的類別，自成一格，本書中例子比比皆是。找出早期類別畫作的早餐是一大挑戰，但辛苦是值得的。

第四個來源是「文字歷史」，關於早餐名稱的故事錯綜複雜，更點出我們目前順利避開的問題，那就是早餐和午餐之間不斷盤結的跨語言困惑。可是現在我們再也無法繼續避而不談。

早餐的名稱

希臘人給早餐兩個名字，或這麼說好了，希臘人稱每天最後一餐「deipnon」，也是最重大的一餐，我們可以直接翻譯為「晚餐」；而在這之前的一餐叫「ariston」，一日開始速戰速決的小食叫「akratisma」。偶爾碰到「akratisma」這個字時，我們可以翻成「早

餐」——怎麼說都不可能是其他餐。這麼一來,「ariston」又該怎麼譯?第一個想法是「午餐」。跟前人一樣,我在《古代醫學》的引言中,也是譯成午餐。文中整段討論似乎全繞著正餐打轉,問題是,正餐究竟是一頓還是兩頓。以現代英語來說,這兩餐要譯成「午餐」和「晚餐」。然而在其他文章裡,「ariston」並非一定譯成「午餐」。部分敘述明確指出,ariston是一大早用的餐點,尤茂斯小木屋中的早餐就被稱作ariston:他和奧德修斯「太陽冉冉升起,兩人便在小木屋裡準備ariston」,《奧德賽》的譯者自然是翻成「早餐」。提比利亞海岸邊的早餐也是:「天色破曉之際,耶穌站在岸邊」,他生好火,備好早餐要吃的麵包,不久便說:「快來吃ariston。」這頓飯也不能被譯成「午餐」,就我們所知,午餐是接近中午的一餐,絕不是天色剛亮時吃的那餐。這方面《約翰福音》的翻譯不一,有的譯者跟我先前的翻譯一樣,譯成「快來吃早餐」,有些人卻覺得早餐一詞不符合聖經,於是譯成「快來用膳」,但對於一早用的這餐,這個翻譯有失恰當。沒有譯者翻成「快來吃午餐」。雖說午餐通常是ariston的正確翻譯,但在此這種譯法和晚餐一樣謬誤——比起早餐,感覺更不符合聖經,甚至更顯時代的錯亂。

　　還有一個我們沒有去正視的難題。《古代醫學》究竟為何只說「一至兩餐」,好像早餐根本不存在的一樣——彷彿古希臘人在正餐前從不吃東西?可是我們其實都心知肚明,他們有吃希臘文所說的akratisma,亦即一起床就吃的第一份點心。真正的解釋在於地中海與

一八九〇年左右的不透明水彩畫，以石墨在灰色布紋紙創作。詹姆斯‧天梭（James J.Tissot）的《提比利亞海岸邊現身門徒面前的基督》（*Christ Appears to his Disciples at the Sea of Tiberias*，取自「基督的生命」系列作品），岸上的陌生人已經備好煮早餐用的明火。

北歐生活方式的差異（結果這與國際飯店房客熟悉的差異相關，也就是英式早餐和歐陸早餐間的差異）。如果回溯該差異的起源，最後就會找到盲點的關鍵。在地中海或「歐陸」生活的人，不會一天吃完整三餐，他們只吃一至兩頓正餐。

在古典時期的希臘，要是有一頓完整紮實的正餐，就是

「deipnon」，若有兩餐，第一頓就會是 āriston。乍看之下，可能會以為這個字是指「早餐最棒」（希臘文的 ăristos 有「最棒」的意思），但字首第一個拉長的母音是線索，說明這個解釋是錯的。Āriston（早餐）事實上是跟希臘文的 ēri 和英文的 early 有關，有「早飯」的意思。

像《約翰福音》中的漁夫，或尤茂斯和他的牧人一樣辛勤工作的人，很可能會吃 ariston（他們比誰都需要這餐）。他們天色微亮前就起床工作，所以可能在一早十點前就要吃飯。生活悠哉的人可以慢慢起床，晚一點再吃 ariston。ariston 愈晚吃，就愈容易覺得起床第一件事就是要多吃點東西。這「多一點東西」就叫作 akratisma，意思是「一點簡單食物」——這名稱其實沒有聽起來那麼怪。在希臘古典時期，葡萄酒往往是摻水飲用（可以喝更久，較不易醉），但大清早的 akratisma 需要一點刺激，通常會包含浸泡純酒食用的麵包。像茶、咖啡和巧克力的早晨刺激飲品，算是近代的新鮮發明，但刺激飲品其實很早就有了。

跟希臘的 akratisma 一樣，古典羅馬早餐通常也有麵包和酒，麵包通常浸在酒裡。可是，拉丁文的名稱卻不同。拉丁文的 cena 一直都是晚飯，prandium 是正午吃的，早上速戰速決的點心叫 ientaculum，意思是「禁食時吃的一點食物」（拉丁文的形容詞 ieiunus 是「禁食」，也就是「空腹」的意思）。三餐的古拉丁名尚未完全消失（例如，在羅馬尼亞語中，有些人還是會用 prînz 跟 cină）。而北義大利與南法雖深受拉丁文化影響，當地的習慣與名稱卻經歷劇烈改變。這自十二世

紀初的「普羅旺斯詩歌」（Giraut de Borneil），就透露每日最主要一餐的新字，但這頓飯更早，提前到正午，甚至可以再早。一二○○年左右，吉霍·德·波內爾（Giraut de Borneil）寫道：「嘲笑別人食物太久，可能落得沒晚餐吃。」這裡已經出現新的關鍵字 disnar——「晚餐」。晚餐時間則是清楚記在另一首詩中，亦即史詩《阿爾比十字軍之歌》（*Song of the Albigensian Crusade*）。一二一三年的米雷戰役，在一個艱辛早晨進入尾聲之際，南方人「鬆開腰帶，坐下晚餐」（dinnar——同一個新字），渾然不知來自北方、背信棄義的孟福爾（Montfort），正帶領一組進擊午餐部隊，橫跨河川草地而來。在這天下午的戰役，南方人的戰士阿拉貢的詹姆士王（King James of Aragon），意外地遭到殺害身亡，只因為他近午還慢慢享用早餐。

中世紀地中海的 disnar，當然可以譯成「午餐」，雖然用「午餐」有時代錯亂之虞，卻完全合理。同理，《約翰福音》的翻譯不見有人譯「午餐」，倒有人勇於譯成「早餐」。一三五○年薄伽丘（Boccàccio）在托斯卡尼創作的《十日談》（*Decameron*）老實人納斯塔基奧的故事，譯者也曾如此嘗試。該故事的危機和結局，是發生在松樹林的戶外用餐時刻，這裡義大利文的關鍵字一樣是 desinare。納斯塔基奧的邀約被譯成「加入我一起吃早餐」，這已是近代一個很好的翻譯版本，除此之外也找不到更適當的字。

字面上，我們應該都看得懂這些中世紀字彙：普羅旺斯文的 disnar、義大利文的 desinare 與古法語的 disner，都跟英文中的「早餐」

（breakfast）同義，拉丁起源是dis-jejunare，意指「終止禁食」。這就是早餐的用意。若是從前一晚開始就沒進食，正午前不久又剛吃下一頓正餐，確實有鬆開腰帶的必要。但要是依照地中海居民在一天開始前，很快地吃個小點心，僅拿一些麵包沾一點葡萄酒吃，那就跟希臘文的akratisma或羅馬文的ientaculum一樣，不算是早餐，因為禁食尚未真正終止。

隨著中世紀西歐盛行的吟遊詩歌傳頌，這個字也往北遷徙，化身法語、盎格魯諾曼語和英語。但這時偏偏陷入文化衝擊，出於氣候因素（天氣暖和，工時即長），愈往北走，正餐的時間就愈晚。

後期的中世紀法語中dîner及英語中的dinner，都是南方詩人熟知的字，自是指北方人的正餐，也就是正午或下午的餐飯。但絕對不是第一餐，也不該假裝這是第一餐。北方人需要攝取分量更實在的食物，以抵禦早晨的寒冷，不像他們的地中海鄰居一早就終止禁食。

要怎麼稱呼每天最早的一餐？可能比較小，但也不是真的那麼小的這一餐？奇怪的是，獲得的答案都在同一組字彙與意義中。去問中世紀的法國人或英國人，他們每天第一餐都做什麼，答案會是：je des-jeune，即「我終止禁食」。請他們用動詞、不定詞形容，就會得到：breakfast（早餐）、déjeuner（現意為午餐）。

法文的dîner經過幾世紀歷史流轉，一直是北法用來形容正餐的名稱，而不是用指每日第一餐。可是這頓飯的時間也經過變更。

在法國大革命前的巴黎，甚至是近代的鄉村地區和今日的魁北克，
dîner 都是中午過後的一餐。習慣這麼做的人，會稱隨後分量較小
的晚餐為 souper，字面意思是「喝湯」，展開一天的小份餐點則是
déjeuner。法國大革命後，變成延到更晚才吃正餐 dîner（據說是因為
在革命期間的巴黎，忙碌的政治家必須立法到傍晚時分）。這個轉變
淘汰了 souper，現代已經很少人會吃這餐，通常也不太會當個別一餐

一四八三年的蛋彩畫，波提且利（Sandro Botticelli）的《老實人納斯塔基奧》
（*Nastagio degli Onesti: The Breakfast*）。早餐客驚見狩獵真實場面，而獵殺對象竟是
手無寸鐵的裸女。這是四張描繪《十日談》（*Decameron*）故事「老實人納斯塔基奧」
的畫作其一。

一七三九年的油畫，弗朗索瓦・布雪（François Boucher）的《早餐》（ Le Dejeuner）。
布雪在早餐時擔任侍者，眾人目光都停留在小女孩身上；這是她的巧克力初體驗。

食用。這也帶來déjeuner用餐時間的改變，現在又延到更晚，成了午餐，且分量更大、比以往更悠哉（忙碌的政治家除外）。這下又出現早上要吃小份餐點的需要，因此衍生出petit déjeuner的名稱，意思是「小午餐」，到正式午餐來臨前，此餐可先填飽法國人的胃。

翻譯大革命前的法文文章並不會有問題，déjeuner、dîner、souper分別是「早餐」、「午餐」、「晚餐」，讀者只需要一些溫和的小甜點。對當時的法國人和英國人來說，「dinner」（現為晚餐）指的是中飯。同樣地，十九世紀後期開始，巴黎法語的翻譯也不難懂；petit déjeuner、déjeuner、dîner分別是「早餐」、「午餐」和「晚餐」，和我們在學校學到的一模一樣，並無驚人之處。然而，在時代更迭之際，從巴黎的十九世紀前半，直到近代的魁北克，乃至最近的法國和比利時鄉下，譯者仍找不到約定俗成的翻譯，全要視時間、地點和社會環境而定。dîner可能是中午到晚上之間的一餐；déjeuner則是早餐或午餐；souper可能不存在了；petit déjeuner可能已經發明，或可能還沒發明。

幸好，近代法語帶來早餐名稱的困惑，此類問題並不存在於其他語言。舉例來說，英文裡dinner變成一天較晚吃的一餐，這跟法語一樣；supper已經被淘汰，換成另一個新字luncheon或lunch，最初是指早上十點左右的點心，十九世紀中葉，卻變成正午十二點午餐的標準稱呼，現更擠掉早期用的dinner。英文中，一天最早吃的小份餐點是breakfast，這個字完全不受影響。現在這個字的意思沒

變過，和十五世紀如出一轍，很有意思但不令人意外的是，這三個用來形容餐食的老英語名詞都源自法語。dinner跟supper很明顯了，breakfast也是直接取自 déjeuner，當時法語跟英語皆在角逐英格蘭國語的地位。事實上，déjeuner有時也會用法語解釋成「rompre la jeûne」，有「終止禁食」（break the fast）的意思。好比一五八六年，勞倫・盧貝爾（Laurent Joubert）也是這麼解釋的。

「終止禁食」的概念，來自諾曼征服久遠以前的英格蘭，當時盎格魯撒克遜所使用的名詞是 fæstenbryce，字面意思指的是打破宗教齋戒，而非早餐。「終止禁食」這個詞是在一四○○年，喬叟（Chaucer）《坎特伯里故事集》（The Tale of Beryn）來源不明的續集《貝倫寓言》（Canterbury Tales）之後，才出現在日常生活。朝聖者抵達坎特伯里後，赦罪僧和酒吧的酒保或女招待熱絡對談。「坐下，喝一杯！」她對他說，起先他不願喝，怎麼說他都還在齋戒，還沒去聖多瑪斯白克教堂參拜。不過她知道有個方法，於是去買了一塊熱騰騰的派給他，吃了好享樂」。她催促：「你為何不終止齋戒？」

不管賣弄風騷的酒保所指何意，其他文本指證歷歷，一個世紀後，英文的「終止禁食」可指在一夜未食後以吃早餐終止，但不一定是宗教慣例。一五二三年，安東尼・費茲賀伯特（Anthony Fitzherbert）爵士給農人的建議，就一目了然：

冬日特別如此。坐在壁爐旁用過晚餐後……日特上床睡覺去。

一八六八年的油畫，愛德華‧馬內（Édouard Manet）的作品，據某些人說，作品名稱是《工作室午餐》（Le Déjeuner dans l'atelier），但咖啡壺卻明確顯示是早餐。

日出而作，在天色轉明前終止禁食，於短暫冬日完成工作。我在文法中學裡學過一首詩，是這麼說的：

Sanat, sanctificat et ditat surgere mane.

意思是「早起讓人身體健康、靈魂完整、財富富足。」

這句費茲賀伯特引述，用來支持他提出早起建議的拉丁金句，我們稍後會再回頭看。

針對其他語言的調查顯示早餐名稱通常都來自哪些範圍。經過鄰近文化洗禮，名稱通常跟著產生。現代法語的 petit déjeuner，譯為「小午餐」，直接指出羅馬尼亞語的兩個詞彙影響：一是原為古拉丁文「午餐」prandium 的縮小詞 prînzisor，另一個則是採用「午餐」的現代法文字，再加入羅馬尼亞語的形容詞「小」形成 mic dejun。葡萄牙文的 pequeno almoço 字面意思也一模一樣──指的就是「小午餐」。

葡萄牙文還有動詞 desjejuar 及名詞 desjejum，意思是「結束禁食」。西班牙文有 desayunarse 和 desayuno。加泰隆尼亞文有名詞 desdejuni。以上都與法文的 déjeuner 雷同。另一個葡萄牙詞彙是 quebra-jejum，字面意思是「終止禁食」。英語亦為鄰近地區帶來深遠影響，breakfast 幾乎原封不動地轉換為威爾斯語的 brecwast、蘇格蘭的蓋爾語 bracaist，以及愛爾蘭語的 bricfeast。

無早期記載的中世紀拉丁詞 admordium「小食」，在伊比利亞半島某些地區，明顯是「breakfast」一詞的來源，在該半島其他地區則是「lunch」（午餐）的字源。加里西亞語的早餐變成 almozo，在某些西班牙語地區則叫 almuerzo，塔加拉族語是 almusal，加泰隆尼亞語則是 esmorzar，但在一般西班牙語中 almuerzo 指的是「午餐」。同一個拉丁字，也很可能是德文「早餐」的靈感來源，frühstück 字面意指「一早的便餐」。

另一方面，德文在鄰近國家的語言當中也可見蹤跡。一邊有荷蘭語的ontbijt（德語的Imbiss），意思是「小食」；另一邊則有挪威和瑞典語的frokost和frukost，意指「早飯」。這個詞在北德方言也有記載，與我們開頭說到的希臘文ariston有異曲同工之妙。德國方言詞彙更由拉托維亞語借用。拉托維亞語屬於波羅的海語言，展現出許多與德國貿易和征戰的歷史痕跡，至今仍看得出德文影子的現代拉托維亞字是bruokastis。

義大利語的colazione字源不同，意指可以吃的熟食拼湊成一餐，這個字由希臘人用，就成了kolatsió。該詞的完整義大利文是prima colazione，帶有各種意思，讓我們想起早餐正是第一份這樣的餐食，因此是每日「第一餐」。另一個愛爾蘭字céadbhéile，意思也指「第一餐」。

常見的馬來名是makan pagi，是「早飯」的意思。這個模式也隨處可見，舉個例子：日語是asa-gohan，越南語是būa ǎn sáng。瑞士德語也有morgenessen、丹麥語是morgenmad、冰島語有morgunmatur，及盎格魯撒克遜語的morȝenmete。在諾曼人發明的新字breakfast影響之下，原本用指每日第一餐的morȝenmete慘遭淘汰，這是兩個被淘汰的古老英文字其一（另一個請見下文）。這些都跟布列塔尼語的pred-beure、威爾斯的boreubryd、蘇格蘭蓋爾語的biadh-maidne和愛爾蘭語的béile na maidne一樣，以上四個都是「早飯」的意思。

類似的例子還有希臘語的proinó，字面為「早上的一餐」，這跟

瑞士德語的zmorge、芬蘭語的aamiainen，以及俄羅斯語、斯洛維尼亞語、賽爾維亞語／克羅埃西亞語的「早餐」一樣：zayutrak、zajtrk、zavtrak，字面意思都是「早食」。

賽爾維亞語／克羅埃西亞語還有一個字doručak，意指「正餐前／外的飯」，這個字又讓人想起波蘭語的śniadanie、捷克語的snídaně、白俄羅斯的snyadanak和烏克蘭的snidanok──「正餐外的食物」。

跟以上差別不大的是古歌德語的undaurnimats，用在《新約聖經》的歌德語翻譯，相當於盎格魯撒克遜語的另一個詞undernmete。這些歌德語和盎格魯撒克遜語的合併詞，字面意思是「一日第三個小時的餐間飯」，現代用語就是指上午九點的一餐。由於歌德人乃自波羅地海岸南遷，所以至今立陶宛語仍使用意思幾乎一模一樣的字：pusryčiai──「上午十點的餐點」便沒有什麼好大驚小怪。梵語文獻找到一個相近的字，但實際意思不同：prãtarãcas ──「在一大早進食」。

無窮無盡的變異詞彙顯示，要是試圖重建原始印歐語系或其他始源語言中各式各樣的早餐名稱會很沒有效率。隨著習慣與風格改變，新的生活方式造成不同的日常作息，人們用餐的時間也跟著改變，稱呼餐食的名稱也隨之變換──因此，從以上眾多例證可見一斑。同一語言下，早餐名稱至少出現兩種，甚至三、四種變化，有的可能是老式用法，有的是新字，有的則屬於地區用語或方言。

但我們可以做的，就是指出它的重複模式。新石器時代人種發展出食用早餐的慣例時，不同族群的人亦發明出不同的早餐名稱，

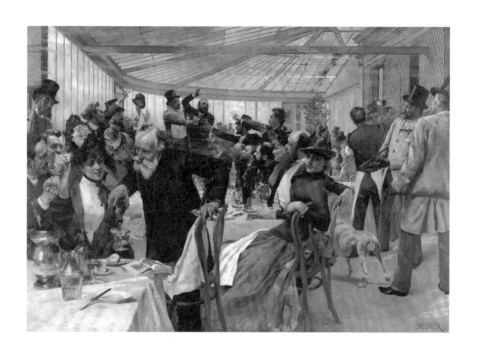

一八八六年的油畫，雨果・畢爾傑（Hugo Birger）的《斯堪地那維亞藝術家在萊都燕咖啡館共進早餐》（*Skandinaviska konstnärernas frukost i Café Ledoyen*）。斯堪地那維亞藝術家每年一度，會在巴黎香榭大道的萊都燕咖啡館齊聚一堂。

像是「一早的餐食」（the early morning meal，在久遠的未來，梵語也是這麼稱呼），或是「上午飯」（mid-morning meal，立陶宛語和盎格魯撒克遜語亦相同），再不然只是「早飯」（與蓋爾語、瑞典語、芬蘭語、俄羅斯語、馬來語和日語相當）。或者，他們可能在飲料成為早餐一份子後取名「早晨飲品」或「一大早的飲料」，抑或可能替特定飲料取

名。在古典希臘文就是akratisma即「一口純酒」；在比利時的法語方言，就有café-déjeuner指「主角是咖啡的午餐」；在巴西葡萄牙語中，café da manhã即是「晨間咖啡」；在維德角共和國的克里奧爾語中，就

十五世紀義大利作品《十日談》（*Decameron*）的插圖手稿，圖片描繪孟菲拉侯爵夫人的雞肉早餐。

是簡單的café「咖啡」。現代希臘語有kafes，其字面意思就是「咖啡」；俄羅斯語中，有人會稱chay為「茶」；土耳其語中，很多人說kahvalti指「六點鐘咖啡」。再者，就是更生動達意的詞：法語、西班牙語和英語的「終止禁食」（breaking the fast）；安哥拉和莫三比克的葡萄牙語mata-bicho即「殺蟲」。可想而知，這裡指的當然不是真正的蟲，較類似譬喻法，指的是「啃嚙著轆轆飢腸的野獸」。

第二章
穿越時間的早餐

「『價值不菲的茶飲，不是窮人的食物。』這是史夫威特刻意諷刺的概念，意指洗衣女工要前往東印度採茶，到西方取糖，環遊世界一周後，才能坐下享用早餐。」

——摘自約翰・霍金斯（John Howkins）

《約翰生傳》（*The Life of Samuel Johnson*，一七八七年著於倫敦）

　　話說重頭。全世界最早的早餐文字紀錄來自埃及法老王，他曾雇用一位宮廷官員，頭銜是堂堂的「國王早餐監督人」。埃及用來形容「早餐」的詞相當出人意表：ja.w-r'，字面意思是「清洗口腔」。我們從隨機的文獻得知，清洗口腔只用到一些液體，通常還有沾取葡萄酒的麵包，用這種方式清洗口腔更滋潤，而這就是清洗口腔典型的方式，屬於大清早速戰速決的典型地中海早餐。過一段時間後，地中海大陸會出現兩頓在不同時間的餐，但都稱作早餐。

我們已經看過兩種希臘名稱，其中古希臘人的akratisma，就是埃及人的ja.w-r'。之後讀者想像尤茂斯於小木屋內的情景時，這個字便油然浮現腦海。詩人稱之為ariston，但該名稱似乎令人不甚心滿意足。「詩人說的是清晨的點心」，三世紀的古代食物學者阿特納奧斯（Athenaios）寫道，「當然，因為麵包塊沾純酒而食，所以我們稱之為『akratisma』。」阿特納奧斯隨後又引用幾個摘自雅典喜劇的句子，帶出這兩種早餐形容詞同時使用的狀況。

甲：廚師在準備ariston。

乙：跟我去吃akratisma如何？

以上摘自安提芬尼斯（Antiphanes）的劇本。再來是當代劇作家堪薩羅斯（Kantharos）的作品，兩位旅人正在思考食物：

甲：我們在這吃akratisma嗎？

乙：沒的事，我們要去地狹吃airston。

第三位劇作家阿里斯托米尼斯（Aristomenes）的引文，讓人想起akratisma：「我只要一點akratisma，兩、三塊麵包，之後馬上就到。」

阿特納奧斯並不是唯一被尤茂斯跟奧德修斯大清早準備的ariston搞糊塗的學者。一個世紀前，已有人在學者布魯達克（Plutarch）的晚

餐桌上討論過這個問題。「我們有定論了，ariston 就是 akratisma。」他在《餐桌談》（*Table Talk*）中說，「荷馬提供的證據指出，尤茂斯跟幫手『太陽冉冉升起時，在小木屋準備早餐』。」布魯達克和阿特納奧斯忘記尤茂斯在山上經營農場，天光破曉前員工已外出工作，想吃的不只是一些浸過葡萄酒的麵包，而是更大量豐盛的早餐，因此尤茂斯家裡的 ariston 不只是 akratisma。

　　不過，布魯達克也是最早發現、並清楚指出早餐與其他餐差別的作家（他生活的年代是西元一百年左右）。就如我們在第一章讀到的，「人在任何地方都可以吃 ariston，簡單不麻煩，用隨手可得的材料製作即可。」這就是早餐的實際精神，舉尤茂斯的情況為例，他們吃的是「前一晚剩餘的烤肉」，而《憤怒的葡萄》中早餐用的是醃豬肉或「佐餐肉」。一方面，這跟 akratisma 不同，akratisma 只提供一小塊麵包配葡萄酒；另一方面也和晚餐不一樣，理想的晚餐是以新鮮食材烹煮而成。

　　拉丁文中的早餐是 ientaculum。說實話，拉丁文的 prandium 就是希臘文的 ariston，但 prandium 真正用餐的時間更晚，差不多是中午或午後，我們別無選擇，只好稱之為「午餐」。羅馬人吃的早餐 ientaculum，沒有希臘的 ariston 來得豐富，但又比 akratisma 更豐盛一些。諷刺短詩作家馬提雅爾（Martial）在一首當作農神節禮物的詩歌中，也明確說出羅馬早餐的習慣：

Si sine carne voles ientacula sumere frugi,

Haec tibi Vestino de grege massa venit.

若希望享受一頓無肉早餐,

不妨品嘗維斯提尼人用揉麵槽製作的麵包。

這可不是隨便一條麵包,而是經過揉製烘焙,廣受義大利中部維斯提尼人認可的美味。所以要是馬提雅爾的詩在心理層面說得過去,羅馬人吃的ientaculum就有肉,也可能沒肉,介於希臘的akratisma與ariston之間(或者可以說,介於歐陸早餐與英式早餐之間)。維特里奧斯(Vitellius)皇帝的傳記作家蘇多尼烏斯(Suetonius)不禁反胃地說,多虧皇帝有嘔吐的習慣,他一天要吃上四餐:早餐、午餐、晚餐和宵夜。得到的結論是,維特里奧斯身旁的人吃的早餐肯定也更大份,不再只是小家子氣的麵包沾葡萄酒,只不過沒人能像皇帝那樣,肆無忌憚地大吃大喝。

多虧有阿普流斯(Apuleius)描繪逼真的奇幻小說《金驢記》(*Metamorphoses*),我們得以知曉羅馬早餐的另一項主食材是什麼。故事由一個旅人的寓言展開:他徒步旅行走過希臘北部,並在喜帕塔的客棧度過一個不安寧的夜晚。敘述者一大早就跟另一名旅伴從這個客棧出發,走了幾哩路後,旅伴突然頭昏眼花。

「我的膝蓋顫抖,腳步踉蹌,需要吃飯恢復體力。」

「你看。」我跟他說：「我幫你準備了早餐。」

我從肩上取下背包，遞給他一塊乳酪和一條麵包：「咱們先坐在梧桐樹下歇會兒吧。」

我也開動，一邊看著他狼吞虎嚥……他吃乾抹淨後忽然一陣乾渴。不意外，畢竟他才剛狼吞虎嚥一塊上等乳酪。

這個飢腸轆轆的旅伴後來下場慘烈，不過這不是重點。這裡阿普流斯描述的重點，就是典型羅馬旅人的ientaculum。以希臘字彙來看（畢竟故事發生在希臘），這餐不是akratisma——他們在離開客棧前，有可能先吃一小塊麵包和葡萄酒——而是更紮實的ariston。這餐沒有肉，乳酪對旅人來說更方便，何況身為乳酪商人的敘述者也可能隨時帶在身上。

羅馬帝國後期，地中海大陸的用餐時間出現改變，或者說是用餐時間的觀念出現轉變，比較偏向希臘，而不是羅馬的用餐時間。我們沒有足夠篇幅慢慢探討原因，但主要結果是，拉丁字prandium「午餐」遭淘汰，多少改由中世紀的字彙desinare或disnar取代，我們已在第一章回溯這兩者的淵源。新命名的餐點用餐時間比拉丁的prandium更早：和希臘的ariston類似，用餐時間是上午十點左右。所以追蹤地中海早餐史時，我們知道共有兩頓早餐。一頓是上午十點的正餐，可能含肉類或乳酪，亦即希臘語的ariston，後來重新命名為desinare。而一大早的點心：一小塊麵包和葡萄酒，也就是希臘的

十五世紀《十日談》的法文翻譯版，插圖手稿描繪的是麵包師傅西斯堤。

akratisma，雖然快速又輕便，但很多人都不認為算正餐。

　　感謝氣氛營造如同《金驢記》逼真的中世紀歷史資料，在薄伽丘的《十日談》中，我們看見兩種不同正規脈絡下的早餐。先前已提過，老實人納斯塔基奧提供對他不善的親友早餐（desinare），但這並非《十日談》中唯一的範例。美若天仙的貝爾克蘿（Belcolore）和村莊牧師緊張的談判過程也是一例，牧師的衣袍不慎忘在貝爾克蘿房裡，而落入其手中。他預謀取回失物，於是藉隔天早上要和兩個朋

友吃desinare為由向貝爾克蘿求借石砵製作莎莎醬。隔天他歸還石砵時，貝爾克蘿正在用早餐，牧師跟她要回「留著當抵押物的衣袍」。貝爾克蘿無法在她丈夫面前拒絕退還，只好忿忿告訴牧師，今後別想借她的石砵磨製莎莎醬；然而，對此牧師的答案卻是：若她不願借石砵，今後也別想見到他的杵。第三個desinare的出處，就是孟菲拉（Montferrat）侯爵夫人為法國菲利普（Philip）國王準備的desinare，國王隨十字軍遠征至熱內亞，希望能在路上引誘她。他邀她共享desinare，侯爵夫人猜測到國王的意圖，因此為他特製了一份早餐。

在套房小憩一會兒後，就是desinare的時間了：國王和侯爵夫人坐在一張餐桌上，其他人則按階位安排坐在其他餐桌。國王享用了幾道菜，佐昂貴好酒，眼前還有傾國傾城的侯爵夫人，讓他感到飄飄然，但他注意到，一道接著一道上的菜色，雖然不太一樣，卻都是雞肉……。

「夫人。」他說：「這國家只有普通肉雞，沒有公雞*嗎？」

他自取其辱，也飽受羞辱。但這頓飯究竟是什麼？譯者猶豫難決，有人說是午餐，有人稱宴席，但薄伽丘使用的卻是其他時候譯成「早餐」的字。不過其實根本沒什麼好猶豫的，儘管這一餐製作精

---

* 國王意有所指，cock不僅指公雞，亦是男性生殖器。

緻，卻相當符合早餐精神，菜色也非常簡單──還有一項重點：國王當早舟車勞頓。現實生活也好，文學作品也罷，一頓豐盛的早餐是大清早便出發遠行的犒賞。

除了大早餐，薄伽丘也描述另一種少見、更符合中世紀典型地中海早餐的輕食。可從佛羅倫斯麵包師傅西斯堤（Cisti，順帶一說，他是真實存在的歷史人物）的故事一探究竟。西斯堤喜愛優質醇酒，也喜歡與人分享美好事物，可是他沒勇氣邀請富裕的鄰居，也就是教宗波尼法爵八世的銀行家杰利·史比尼（Geri Spini）。於是他這麼做：

他知道杰利·史比尼和教宗使者確定會經過的時段，然後每天早上，他會在家門外擺好一只嶄新閃亮的水罐，還有一小瓶裝有上等白酒的波隆那玻璃水瓶，和兩支閃耀著銀光的高腳杯，在桌旁就坐。史比尼跟訪客路過時，他故意咳了一聲，清了幾下喉嚨，接著開始一臉享受地啜飲白酒，相信連死的人看到都會想爬起來喝上一口。

杰利·史比尼觀察到這情況兩天後，第三天早上，他終於禁不住問：

「西斯堤，你在喝什麼？可口嗎？」

西斯堤跳了起來，說：

「當然可口囉！先生，不過除非你自己試，否則我無法讓你體會它的好。」

這頓飯（薄伽丘沒有說是哪頓飯）包含上好醇酒與美味麵包，但後者是我們自己猜想的，畢竟早餐食客本身就是麵包師傅。西斯堤利用這機會清喉嚨——說白了，就是清洗口腔。這部分沒變，等同於古羅馬的 ientaculum、古希臘的輕食 akratisma，也是古埃及「清洗口腔」的 ja.w-r'。

在其他地中海國家的中世紀與近代文本描述的，絕大多數都是完整的上午早餐。除了第一章引述的《阿爾比十字軍之歌》外，另一個中世紀普羅旺斯的故事，也描述出合理稱作早餐的一餐。這頓早餐沒有名字，但發生在一天主要工作展開前、詩人漫不經心說是短程旅行的勞頓後：奧利維爾（Olivier）從羅斯佛而來，加入查理曼（Charlemagne）國王位在薩拉戈薩的軍隊，準備出戰。

Es Olivier vay mangier demandant: Un gran signe li aporton davant, Blancs fogassetz e vin clar e pumant; Aqui manget a qui venc ha talant ......
奧利維爾要來了食物，他們在他面前擺上一隻肥鵝、白色佛卡夏麵包、淡紅酒和香料酒，全體來賓盡情地大快朵頤。吃飽喝足後，他起身，他們牽來一匹戰馬，安撫牠坐下，面前放了給牠的七袋穀物，讓馬兒盡情享用。

我們可能覺得，鵝肉不像是尋常的早餐餐點，但怎麼說奧利維

爾都是傳奇英雄人物，《薩拉戈薩的羅蘭》（Roland at Saragossa）也是一部史詩。雷同的是，香料酒竟意外現身早餐之列，但在中世紀史詩的正餐中，倒挺常見到這種酒的敘述。不過淡紅酒（vin clar）很適合早餐飲用，佛卡夏麵包也是（fogassetz；別稱 fouaces 或 focaccie）。現代的義大利學童跟奧利維爾一樣，會在上學途中買一塊佛卡夏麵包，當作上午的點心。

現在將地點換到西班牙。塞萬提斯（Cervantes）的《唐吉訶德》（Don Quixote）就出現不少客棧和用餐的場面，但卻不常辨別出早餐的蹤跡。眾多旅途之中，有一次唐吉訶德和桑丘（Sancho）跟一群公牛搏鬥，必須吃東西恢復體力。結果他們旅途的早餐，和上述阿普流斯的十分接近。

　　唐吉訶德和桑丘在扶疏樹影下，找到一處澄淨透亮的泉
　　水，疲憊不堪的兩人坐下歇腿，並鬆開戴普跟羅西南多的轡
　　頭，任牠們自由活動。桑丘的鞍袋裝有藏糧，他取出稱為配菜
　　（condumio）的東西，洗潤口腔，唐吉訶德則是洗把臉……，這
　　名鄉紳就這麼不顧教養，默不作聲地大快朵頤，整張嘴塞滿麵
　　包和乳酪。

配菜「搭配麵包吃的食物」和「清洗口腔」兩者，我們現在都很清楚了。有人懷疑桑丘漱口應該需要酒，可是這裡並沒有清楚解釋。

就桑丘和阿普流斯故事的敘事者來講，乳酪是比肉還實用的配菜，更適合裝進旅人的行李。

桑丘彷彿在替自己比主子更早開動的失禮找藉口，他引用了一句比喻聽天由命的諺語：「瑪莎終將一死，既然難逃一死，不如撐死」（Muera Marta, y muera harta）。他和讀者可能還會想起另一種不那麼極端的說法：「瑪莎吃飽喝足，引吭高歌」（Bien canta Marta despues de harta）。

我們在第一章注意到，冷冽的中世紀北方有個現象，南方人大清早食用的紮實早餐disnar，北方人要等到每天稍晚才食用。舉個例子：在北法，díner通常是中午或午後吃。這頓餐並未出現在這故事裡。中世紀和近代法國人得更早結束禁食，他們稱這頓早餐déjeuner。接著，我們也看見déjeuner開始轉變。諷刺的是美食家雷尼埃（Reyniere）也參與了這趟美食歷險，他至少兩次試著弄懂情況，更在他赫赫有名的《饕客年鑑》（Almanach des gourmands），一八○三年第一冊二月中，說道：

> Déjeuner第一是無足輕重的一餐，性不喜張揚財富、沒有奴僕的侍從、家境小康的美食者——這些人都可以在不驚動鄰居、不引來八卦的情況下舉辦早餐會。女人通常不受邀。早一點開動，讓下顎有更充足時間運動，早晨生氣勃勃的食慾亦可獲得滿足，卻不至於對健康造成威脅。基於上述理由，咀嚼是聚餐

的主要目的。

　　我刪除掉雷尼埃一一列舉「無足輕重的一餐」時，細數到的食物、葡萄酒、咖啡、白蘭地、冰淇淋和利口酒。他繼續說：「我們沒多加描述這頓晚吃的 déjeuner，跟咱們老祖宗說的簡直天差地別，古人只喝幾杯咖啡牛奶或香草巧克力就夠，即使想用刀具，一片貝庸火腿或義大利乳酪已是綽綽有餘，夠滿足口腹。」但是這對雷尼埃還是不夠，他提到其他配菜，可能是他祖先吃過的。以下是他妙語如珠的笑點：

　　法國大革命改變了法國上下，連法國的胃都不放過，現在多了以往缺乏的消化系統。不得不承認，在所有法國大革命對人民造成的改變當中，最少人抱怨的恐怕就屬這一個環節。

　　這是雷尼埃第一次嘗試說出最棒的一席話。就他描述，déjeuner——「早餐」多齣狂歡節的娛樂活動，已經成為最大份又耗時的一餐。但是他並不滿足，繼續在一八○四年的第二冊繞回該主題。也許發現得有點晚，但他總算看見自己尚未提及日常作息的關鍵變化。「我們的公司和銀行的工時變了，」他繼續寫道：

　　結果，我們吃 dîner 的時間，比查理八世時代的 souper 還晚。

現在的déjeuner也變成大份餐點。晚餐要是很難在六點準時開動，一杯茶或萊姆茶或甚至巴黎人做的咖啡歐蕾，都不夠你撐到那時。

可是有些雷尼埃當代的人，並不覺得有改變習慣的必要。偉大的外交官塔列朗（Talleyrand）曾風光走過這段有趣的時期，即使來到人生最後的階段，他還是一如既往吃著相同早餐：他「通常早上十點或十一點起床。半小時後，做了份輕早餐，有蛋、有魚，還有摻水的馬黛拉酒，他早上從不喝咖啡、巧克力或茶。」一八三八年，他以八十五歲高齡辭世，成為博物館的館藏。除了歷史更悠久的咖啡和茶，法國女人與「甚至不比雷尼埃的銀行家富有的法國男人」已開始把巧克力當營養豐富的早餐飲品喝。覺得虛弱時，來一杯「輕盈營養，能強化體力的巧克力，再加上雷尼埃大肆讚揚的波斯蘭莖粉」。雖然他對petit déjeuner這個字毫無概念（一八六六年左右才發明），可是雷尼埃卻忠實地帶我們追溯歷史，幫我們找到早餐飲品三寶——咖啡、茶和巧克力的開端，而這三寶一直到二十一世紀的法國，依舊是每個成人早餐桌上的選擇。

中世紀的ientaculum或déjeuner飄洋過海後（雖說盎格魯撒克遜語中有早餐一字，之前卻沒有描繪紀錄），英國才出現早餐。十三世紀末及諸多十五世紀初的早餐紀錄顯示，英格蘭有ientacula。經數個世紀流轉，菜色不見變動：一樣是麵包、麥芽酒或啤酒、乳酪

或水煮牛肉，齋戒日則是吃煙燻魚。愛德華四世宮廷的理想化家庭手冊《國王家屬黑皮書》，嚴格指出階級區分——國王的餐桌上有麵包、肉和麥芽酒，再下幾階的女王、公爵、侯爵、伯爵和主教，每天飯量固定，不過卻毫無食物口味的細節。先前，我們從其他偶然獲得的引述資料得知，餐桌上有鹿內臟和熱騰騰的派餅。除此之外，莎士比亞讓我們見識到英式早餐還有一個主要食材。法斯塔夫（Falstaff）用不屑一顧的一句話打發：「你不能說禱詞……不，我說真的，你不可以在蛋跟牛油之前說這麼多禱詞」。「無足輕重的早餐」前要說的是一段簡短的禱詞（也有人不唸禱詞）。若《亨利四世》（Henry IV）的第一部分第一幕第二場裡，依然意義不明，到了第二幕第一場，懷疑的輪廓就成形了。據說在這一場，留宿客棧的房客「已經起床，叫了蛋跟牛油，不久就要離開」。這場戲無庸置疑，表現出搭配麵包和麥芽酒的配菜是蛋跟牛油，這在莎士比亞時代的客棧裡，都是稀鬆平常的早餐。

近代英式早餐最完整的資訊來自山謬・派比的日記。在編列早餐時間表時，他不僅讓我們知道菜色，更含括時空與人物。他在倫敦偶爾會在去辦公室的路上早餐，有時還跟別人一起吃：「今早，我和歐普利先生在哈普太太家用早餐。我弟弟約翰也跟我在一起，我們吃了冷火雞派和鵝肉」。時間紀錄是一六六〇年一月，而「哈普太太家」其實是西敏區國王街上的一家酒館，幾乎就佇立在派比居住的斧頭場街正對面。火雞肉派和鵝肉很明顯是隔夜晚餐再利用的

菜色：哈普太太家的早餐是用剩菜做的。愛德華・蒙塔古（Edward Mountagu）的管家歇普利先生，是與派比關係密切的同事。而派比正要陪弟弟約翰去劍橋基督學院安頓。

後來的同一個月裡，派比從劍橋回家的路上，曾在艾坪過夜。他「一早起床，早餐吃了紅鯡魚，得去修鞋跟。」要是鞋子不需修理，他可能更早出發，在路上吃早餐，甚至完全不吃。後來他吃了無名客棧提供的餐點，和我們說的煙燻鯡魚相去不遠。

一六六〇年五月，派比與蒙塔古搭船前往荷蘭，同行的還有陪伴查理二世和他兩個兄弟返抵英格蘭的人員。在前往荷蘭的船上，派比記錄「早餐在座艙長室吃了蘿蔔」；回程，這三名皇家乘客的早餐內容並不常見（請見第一章的引述）。五天過後，船隻停靠肯特，派比受到意想不到的待遇：「早上約莫八點，上尉來找我，詢問早餐想不想吃今早剛捕獲的鯖魚，於是我們就和船長在艙內吃起鯖魚。」——「艙內」指的是船長室。

後續幾個月和幾年間，派比日記都鮮少見到早餐紀錄，可能因為他通常不吃早餐。至少這是他現代的編輯羅伯・雷森姆（Robert Latham）的看法。派比不寫日記許久後，在一次造訪劍橋郡時，卻聽從醫師的建議，開始吃起早餐，保護他不「渾身發冷」。

雷森姆對日記中偶然發現的不同用詞，下了評語：「他上午十點左右，經常喝晨間淡啤酒配點心。」雷森姆一口咬定早餐與晨間淡啤酒不同，他的分析也許正確，但派比卻令我起疑心。一六六〇年九

月二十二日的日記點出原因：

> 我們走向福里特街，到了索爾斯伯里路上的史丹丁先生酒吧，喝我們的晨間淡啤酒，還吃了醃鯡魚。談話過程中他對我說，我曾經在吉普賽街頭愛過的美麗女子……遭人誘拐賣身。在這個八卦之後……我們前往西敏區的爵士家，然後我在他的辦公室吐出剛吃的早餐。昨晚徹夜放縱，害我的胃一整天都難受不堪。

　　這天日記沒提到早餐。人類消化系統「難受」時，會先吐出最後吃下去的東西，所以「辦公室」或戶外廁所內，淨是派比的晨間淡啤酒和醃鯡魚，這些肯定就是他所說的早餐內容。

　　因此這一回，派比上午十點吃的點心不成立。其他與派比同期的作家，偶然提到英國的晨間淡啤酒，結論也一致。這並非上午十點左右的點心，有時可能是在稍晚食用的早餐前，一早喝下的飲料，但更可能是指另一種早餐。

　　一八三六年，喬治・博羅（George Borrow）的著作《西班牙聖經》（ *The Bible in Spain* ），敘述他在安達路西亞旅行的故事。博羅在聖路卡德巴拉梅達的博薩南，躺在廉價酒館的長椅上呼呼大睡，等待凌晨四點出發的渡船。

晚上我好幾次被貓吵醒，可能還有老鼠跳過我身上……時間是三點半，我打開門望出去，幾個漁夫喧譁著要喝晨間淡啤酒：老傢伙很快就起身招呼他們。

博羅口中的「晨間淡啤酒」（morning draught），就是浸過葡萄酒的麵包（前提是有麵包），可能無關乎英式早餐的慣例，但這天亮前吃的一餐，必是大清早的輕簡早餐，不然就是地中海古代和中世紀所謂的清洗口腔，到了當時仍舊盛行。

山謬·派比之後的兩個世紀，每日英式早餐變得更簡單輕盈，都是想像得到的食材。通常麵包沒有配菜，至多只有牛油。西班牙旅人曼紐·岡薩雷茲（Manuel Gonzalez），曾在一七三〇年待過英格蘭，他描繪英格蘭飲食習慣：「早餐喝咖啡、茶或者巧克力，另外搭配麵包和牛油，晚餐吃肉，宵夜則可有可無，這就是當地飲食的一般慣例。」沒多久，有位愛爾蘭畫家，也是山謬·約翰生在伯明罕時期的朋友，寫信告訴約翰生，倫敦生活開銷其實不大：「在咖啡廳掏出三便士，即可每天用幾個鐘頭與好友相聚。用餐只需六便士，早餐是麵包和牛奶，只要一便士，晚餐可以不吃。」

一個世紀後，甚至出現了更正點的早餐，麵包塗上牛油，咖啡也加上牛奶，這在倫敦一樣只需要一便士。亨利·梅休（Henry Mayhew）在一八五一年記載，在比林斯蓋茲鮮魚市場旁的羅德威咖啡館，「出一便士便可吃到飯——內容有一杯熱咖啡、兩片麵包與牛油。

一六一八年的油畫，迪亞哥・委拉斯奎茲（Diego Velázquez）的《早餐》（*Breakfast*）。

兩便士可以吃到他優雅形容的『褲腰緊繃』，意思是豐盛餐點。」羅德威咖啡館的客人，每個工作日都高達一千五百人，人人都點這份有牛油配麵包的便宜英式早餐——之後，愛德華‧李爾（Edward Lear）也以六步格完成個人詩，坦承他點過這道早餐，不過他偏好的是茶，不是咖啡：

> 洗滌我瑰色肉體，一把髮梳梳理鬍子。/早餐是茶、牛油與麵包，上午九點，/提著我氈製手提包，向前一躍，來到特威特漢車站⋯⋯

其他小說或回憶錄的英式早餐，雖然沒這麼簡單，也算簡單了。熱騰騰的麵包卷奢侈地取代了麵包。可是一八三一年，湯瑪斯‧巴賓頓‧麥考萊（Thomas Babington Macaulay）受邀前去荷蘭宅邸時，配菜的蛋（當然還有牛油）已經足夠，他也吃得心滿意足，甚至一一列出「咖啡相當可口，茶十分香醇，蛋也非常美味，還有用冰塊冰鎮過的牛油，以及熱騰騰的麵包卷。」一塊培根是標準選擇，對於狄更斯《荒涼山莊》（*Bleak House, Dickens*）的喬治先生和菲爾而言，已是好得不得了：

> 菲爾取出味道香濃、熱騰騰的麵包卷跟咖啡，準備早餐⋯⋯準備並不耗時，因為他僅拿得出簡單的兩人份必備早餐，還有

生鏽爐柵上煎烤的培根。

愛得蒙・高斯（Edmund Gosse）在個人詩〈早餐桌上的詩人〉（*The Poet at the Breakfast Table*）中，點出一道美味配菜：鯖魚。也可能是兩道。

瑰色空氣中，裊裊輕煙裡，
妥善備置的早餐室
踏上階梯，心情愉悅……
我心陶醉，莫過於久久凝視煙燻鯖魚
一排排，碩大笨重。
你我樂享美食，
爾雅青年準備餐食，
猶如全盛嶄新的科學使人興奮，
我們全神貫注聆聽宣告，
一排排，有多少魚卵。

蛋（或魚卵）是第二道配菜嗎？還是學術討論的題目罷了？第一個讀到這首詩的人奧斯汀・道布森（Austin Dobson），在一八七七年收到這封信，還得自己解出謎團。高斯厚臉皮地借用奧利佛・溫道爾・霍姆斯（Oliver Wendell Holmes）五年前出版的作品《早餐桌上的詩人》（*The Poet at the Breakfast-Table*）作標題。

這是十九和二十世紀初眾人接受的早餐畫面嗎？根據伊莎貝拉·比頓（Isaballa Beeton）在愛德華時代中期出版的《家居管理手冊》（Book of Household Management），是這樣沒錯。雖然作者辭世已久，但她的著作始終被視為聖經。書中「一周經濟家庭早餐」建議，每天都有一至兩道鹹食。每日菜色精心列出，天天都一樣：「橘子醬、牛油、土司、麵包、咖啡、茶、冷熱牛奶」，唯有每日開場的鹹食例外：星期日吃水煮蛋和冷培根、星期一吃英國黑線鱈、星期二吃炒蛋和牛肉卷、星期三到五吃魚餅，星期六吃鮮煎鯡魚和水煮蛋。如果家庭想要選擇更經濟實惠的早餐（成千上萬個家庭必定這麼選擇），他們最好別浪費錢依照比頓太太的書做。

隔了愛爾蘭海，任何一天只要能吃到一種配菜，詹姆斯·喬伊斯（James Joyce）的書中主人翁利奧波德·布魯姆便心滿意足，甚至不惜代價取得。《尤利西斯》（Ulysses）的讀者（詳見第五章）跟著內容穿梭於他的意識，得知所謂的鹹食一定就是他最愛的烤羊腰，也是屠夫德魯賈茲的肉販窗口最後剩下的。

光一樣配菜就已足夠勾起喬治·歐威爾（George Orwell）無盡的藐視嗎？他在一九四一年的《你的英格蘭》（England Your England）中寫道：「英格蘭文明中，有一種與眾不同又清晰可辨的特質，那就是與西班牙一樣獨特的文化，這可是與紮實早餐和陰鬱的星期日息息相關……」

抑或，歐威爾想像的早餐，可能較類似於一八八九年在傑羅姆·

一九一四年的油畫，齊奈達・瑟瑞布里亞科瓦（Zinaida Serebryakova）的《早餐》
（*Breakfast*）。

克拉普卡・傑羅姆（Jerome K. Jerome）的小說中，三名船夫規劃著行程
時用的早餐：他們「在肉排和冷牛肉前坐定。哈里斯說：『最棒的就
是可以做一頓美味早餐。』然後吃起肉排，他說牛肉可以等，但熱騰
騰的肉排不能等。」

但十九世紀初的英格蘭，早餐開始出現奇怪的二分法，至今仍然影響我們對每日第一餐的想像，我們現在就要來探討原由。

英國早餐不只一種，約二世紀以來，英國早餐一直以來就不只一種，而是兩種。一種是每個人都吃的早餐，另一種則是眾人夢寐以求，稱之為「大早餐」（Great）的早餐。他們知道認識這種早餐的人，自己偶爾也會接觸到，但幾乎就連自己都無法面對，可是出於愛國，他們得吃這種「英國大早餐」（Great British Breakfast）。是否真如艾琳・懷特（Eileen White）在一九九四年說的：「來這個國家的任何一位觀光客，都期待以培根、蛋和香腸展開一天，甚至還要有番茄或蘑菇，然後是土司和橘子醬」嗎？

文學作品中，大早餐的出現可有明確的溯源。卡奧莉・歐康納（Kaori O'Connor）在《英式早餐》（*The English Breakfast*）說（她堅持是英式〔English〕不是英國〔British〕），這個組合在十八世紀的文學連個影子都見不到，但在十九世紀的文學中卻無所不在。隨著兩部作品問世，英式大早餐的輪廓也逐漸清晰。一部是一八一四年，珍・奧斯汀（Jane Austen）的《曼斯菲爾德莊園》（*Mansfield Park*），另一部是一八一六年，托瑪斯・皮科克（Thomas Love Peacock）的鉅作《海德龍公館》（*Headlong Hall*）。皮科克本身是老饕，也是一名將哲學對話想像成小說寫出的作家。

《曼斯菲爾德莊園》裡的傷心早餐和《海德龍公館》的第一餐，暫且就稱為大早餐的小小預兆。《曼斯菲爾德莊園》中，芬妮・普萊斯

為兩個離別的人落淚（無論為這兩人流的眼淚是否相當）。早餐除了麵包和牛油，還出現兩道配菜——「威廉餐盤中的冷豬骨和芥末」以及「克勞富先生的碎蛋殼」。

《海德龍公館》開始不久的場景，設定在客棧的早餐室。受傷的臨時英雄「想方設法坐到爐火旁，好讓他能完美掌控餐桌和設備，餐點不但有常見的熱茶和土司，還有美味新鮮的雞蛋、出色的牛肉」。

一九一八年，第一次世界大戰時，一名法國官員與幾位英國官員共進早餐。

他們認為可能有可抹上土司的牛油，但這裡亦同前如出一轍，多出兩道配菜：蛋和冷牛肉。

《海德龍公館》後面揭曉鄉紳海德龍喜歡的早餐慣例：「海德龍公館的早餐慣例是八點就備好的，並持續到下午兩點。各個賓客可以自由起床，下樓用餐，隨自己喜好運用早晨。」早上八點延續到下午兩點的早餐是誇大其詞，不過確實有實際考據。這不是隨便一餐，而是早餐與當代晚餐的綜合體。在《海德龍公館》與皮科克當代的人，晚餐本來是在中午吃，只不過之後移到晚上。而皮科克就是關鍵資訊。他的六小時大餐讓我們見識到，許多後人描述的十九世紀大早餐，起源都具有雙重身分，也就是往昔的牛油麵包早餐加上午餐：

> 整個過程，小屠夫在爐火旁的小桌邊站崗，桌面擺滿豐盛的餐點設備，有茶、咖啡、巧克力、牛奶、奶油、蛋、麵包卷、土司、馬芬糕、麵包、牛油、罐裝牛肉、冷家禽肉、鷸鴣肉、火腿、牛舌和鰻魚。賈斯特牧師發現自己早上容易反胃，偏好在床上吃早餐，來一杯奶油麥芽酒和鰻魚土司。

這份早餐的細節雖然經過大肆渲染，不過在皮科克繼《海德龍公館》十五年後問世的小說《克羅柴堡》（*Crotchet Castle*）裡，弗列特牧師便以如此詳盡的細節要求早餐：「牧師坐在早餐桌前，先喝起一大杯溫和鎮定的茶、塗滿牛油的濕潤馬芬糕，以及滋補的小龍蝦，讓自

己醒腦。」這時他說話了：

弗列特牧師：巧克力、咖啡、茶、奶油、蛋、火腿、牛舌、冷家禽肉——這些都好，表示能端出這些菜色的人知識淵博。但重點在魚：鰻魚是第一步，再來是明蝦和小蝦。我要誇獎能端這些上桌的人：罐裝紅點鮭和八日鰻是第三步，之後是更多好料。但五月早上的龍蝦確實重要，要有難能可貴的知識和能力才做得出來。

馬克奎德先生：先生，用餐巾為您送上新鮮美味的鱒魚如何？還是新鮮捕自芬恩湖、剛煎好的鯡魚？

弗列特牧師：先生，我說每個國家都有自己優秀的特質，而在您的國家，魚肉早餐的名譽輝煌，我們無論如何都得向您學習。

可更簡單讀到的大早餐描寫，出現在 R. S. 蘇爾提（R. S. Surtees）的故事。蘇爾提非常有可能讀過《克羅柴堡》，在寫《與裘洛克的狩獵早餐》（*A Hunt Breakfast with Jorrocks*）時，便以自己縱聲喧譁又不可企及的方式回應。這本書兩年後於一八三三年出版：

這是個清爽舒適的好所在，在爐火熾烈，地板一半覆蓋著舊油布，另一半展示著乏味裸露的旗子。爐火一碼半遠處有張早

餐桌，尚未切開的華美火腿放在桌面中間，一邊是四分之一塊麵包，另一邊是波隆那香腸；這旁邊有九顆蛋、堆成兩座小山的馬芬糕、許許多多的土司、十幾塊硬餅乾和半份豬肉派餅，十幾塊串上烤肉叉的腰子，在爐火上劈劈啪啪作響，貝茲拿著烤架火烤羊排。以上分量能供十人食用。

「現在請就座。」裘洛克說：「開動吧，我飢餓如獵人，希望你

TRUE HUMILITY.

Right Reverend Host. "I'M AFRAID YOU'VE GOT A BAD EGG, MR. JONES!"
The Curate. "OH NO, MY LORD, I ASSURE YOU! PARTS OF IT ARE EXCELLENT!"

一八九五年十一月九日刊登在《*Punch*》雜誌的諷刺漫畫，喬治・杜・莫里埃（George du Maurier）的〈副牧師的蛋〉（*The Gurate's Egg*）。

們也餓了。請問我能為你們效勞嗎？茶還是咖啡？不如都喝吧！先咖啡，茶等會兒再喝。要是我不能給你們好東西，真不知道還有誰能呢。

正如我們在法國說的，請仔細端詳這火腿（這裡寫作「am」），既特別又高級，搭配幾顆蛋吃吧。咭，我給你的火腿不出一磅，不過想再吃的話請自便，這樣就算不吃，也不浪費，是吧。拿些馬芬糕吧，請自己來。貝茲，麻煩再給我們一點鮮奶油，腰肉可以上桌了。瞧瞧學識淵博的編輯還沒開動呢，請拿一塊羊排搭腰肉……。

四分之一塊麵包是四磅——其實相當大塊。之後版本有在「火腿」（am）上加省略符號（原為 ham，省略後成 am）。

時間快轉到六十五年後，從虛擬小說進入真實故事，可以找到類似上述，對愛德華時代中期比頓太太的大早餐更深入的觀點。在一九〇七年的《家居管理手冊》中，建議兩種「大型早餐會菜色（冬季版）」：「烤小麥餅乾、香草歐姆蛋、炒蛋（黑奶油醬）、比目魚貝類、火烤牛排、冷火腿、罐頭小蝦、蘋果跟香蕉、司康、麵包卷、土司、麵包、牛油、橘子醬、果醬、茶、咖啡、鮮奶油、牛奶」，或是「奶油小麥粥、魚肉歐姆蛋、水波蛋土司、炸魚、燉腰肉、火烤培根、冷野味、冷火腿、燉煮無花果佐鮮奶油、司康、麵包卷、土司、麵包、

牛油、橘子醬、果醬、茶、咖啡、鮮奶油、牛奶」。

衡量大早餐傳統的真相與好處時，不可能省略、也不可能遺忘「位於普拉姆司德－埃比斯科比裝潢優美的早餐室」。《海德龍公館》出版後二十年，安東尼·特羅洛普的《養老院院長》（*The Warden, Anthony Trollope*）中，這間由妻管嚴的主人翁——副主教葛蘭利想像出來的早餐室。

飲用的茶是上等之選，咖啡醇黑，鮮奶油濃厚，還有一般土司和抹上牛油的土司、馬芬糕和烤圓餅、熱呼呼的麵包和冷麵包、白麵包和黑麵包、自製麵包和麵包坊賣的麵包、愛爾蘭黑麵包和燕麥麵包。麵包種類要是不只這些，還有別的。另有隨餐巾端上桌的蛋、蓋在銀蓋下的香脆培根；裝在小盒子的小魚、熱水碟上煮得吱吱作響的辛料調味腰肉，以上這些都放在德高望重的副主教餐盤周遭。在遠方，有一個餐具櫃，鋪著雪白餐巾，擱上一大塊火腿和龐大牛腰肉，牛腰肉在昨晚的餐桌上出現過。這就是普拉姆斯德－埃比斯科比常見的菜色。

特羅洛普的文字細膩，讓讀者從作品脈絡中挑出這段細讀時，不覺普拉姆斯德－埃比斯科比教區的早餐室有何異狀。難道作者早餐開動前的熱情讓他沖昏頭了嗎？當然不是。這頓飯被刻畫得陰鬱負面，銀器似乎是「不帶光澤或輝煌的花費」，室內瀰漫一股「沉重

氣氛」，整棟房子「總帶著沉悶，永遠快樂不起來」。特羅洛普描述的大早餐很典型：牛腰肉正是前一天晚餐的剩菜，一直到辛料調味的腰肉，餐點都豐富新鮮又完美，屬於不合理的豐富新鮮又完美。特羅洛普不喜歡，而赫曼也就是普克勒・穆斯考（Pückler-Muskau）公爵也不喜歡。一八二八年，公爵前往英國統治的愛爾蘭，很滿意旅途中吃的蘇爾提式早餐。他發現：

> 清晨六點，我騎馬去 S 船長的鄉間小屋吃早餐，獵人齊聚一堂，相約獵兔。我看見六、七個體格結實的鄉紳集合……早餐菜色有咖啡、茶、威士忌、葡萄酒、蛋、牛排、蜂蜜、羊腰肉、蛋糕、麵包配牛油，琳琅滿目。吃飽喝足後，大家坐上兩輛大型車，往加爾提山的方向出發。

這些是小說和真實發生在十九世紀鄉村小屋的早餐，以及遠離一般人生活的大鄉村屋舍早餐。以劍橋大學耶穌學院為例：「我們的早餐還真不得了！……『噢！你想喝咖啡對吧？』穆林思（Mullins）轉身，帶回別人的大咖啡壺。」據瑪麗・豪伊特（Mary Howitt）的說法，這頓早餐「完美重現煙燻鮭魚、鴨肉、飛禽、牛舌和鴿肉派」。在這間愛德華・史賓塞・摩特（Edward Spencer Mott）沒有一絲好感的伊頓中學，在他記憶中：「低下年輕人」、「奴隸後代」和「位階低等的男孩」（十五歲活該被踢走前，他也是其中一員），也要替「主人」準備一樣

精緻的早餐。

　　二十世紀初，孩子吃早餐也要遵循規定，光想起父母準備的早餐，他們便害怕得忍不住打顫。南茜‧米佛（Nancy Mitford）回想，一九六二年，「我父親早餐吃煎培根肉，低頭猛嗑香腸卷或香腸配馬

一九一八年的油畫，費迪南‧麥克斯‧布列特（Ferdinand Max Bredt）的《戰時早餐》（*Frühstück zu Kriegszeiten*）；畫中不見男人蹤跡。

鈴薯泥、冷煙燻豬腿佐蔓越莓醬、豬排佐蘋果醬、豬頭、豬蹄和巴斯豬頰肉，目睹以上種種，都是我每日必經的折磨。」對米佛姊妹來說，套用在父母身上的規則不同，原因不只是成人總是想吃什麼就吃什麼、想吃多少就吃多少，更因為她們的母親不讓小孩吃豬肉。這裡的「豬頭」指的就是豬腦。她父親每天都吃這些東西嗎？或是某種神祕費解的每周行程？現在想問也來不及了。

阿諾・帕莫爾的《流動的宴席》，恐怕是第一部描繪出大早餐傳統崛起與興衰的作品。

他在十九世紀初，窺見它的開端。到了一九五二年，他悲觀認定，這陣子以來英國經歷太多風雲變色，而大早餐也已然成過往。與歐康納的《英式大早餐書》如出一轍，他把這視為是單純與世隔絕的海島發展。托瑪斯・皮科克第一次描述大早餐時，同一時期，在與英吉利海峽遙遙相望的對岸，雷尼埃也記錄下巴黎早餐和午餐習慣的類似改變。

一直以來我都在想，大早餐的聲望或許更久遠。有沒有可能追溯到更早，迄自一六〇三年的宮廷？當時詹姆士一世（James I）從蘇格蘭而來，奪回他在西敏宮名正言順的寶座。在漫漫長篇的皇室家族法令中，第一條指向早餐鋪張浪費的，就是一六一〇年制定的《亨利王子法令》（*Establishment of Prince Henry*）。詹姆士的兒子兼繼承人亨利，在一六一二年難逃死劫，王位便順勢傳給弟弟查爾斯（Charles）。

王子陛下的早餐：

白麵包	兩份
上等愛爾蘭傳統麵包	兩份
愛爾蘭傳統麵包	四份
啤酒	三加崙
葡萄酒	一瓶
牛肉	一份
羊肉	一份
雞肉	兩份

一般皇室餐桌有兩種麵包已經很足夠，但這裡有三種。麥芽酒或葡萄酒是正常飲品，而亨利王子兩種都喝（嚴格來說，啤酒和麥芽酒不同，前者有加啤酒花調味）。冷牛肉是正常配菜，亨利王子和早餐客都吃牛肉、羊肉和幾份雞肉。可是詹姆士在一六〇四年制定家庭法令，反覆強調他有意避增伊莉莎白宮廷的高額費用，可能的話甚至要減少經費。

實施上路後不久，換其長子立法，詹姆士的好意半途夭折。

要是這時皇室引進大早餐，最後便會流傳到皇室外供民間享用，不過只在特殊場合才會出現。至少山謬·派比有次就在家庭聚會準備這種極盡奢華的早餐。這場早餐會發生在一六六一年一月一日，是個具備雙重意義的日子——是自從王朝復辟後，首次慶祝新年的

一個好時機：

> 我哥哥湯瑪斯進場，緊接在後的是我父親湯瑪斯・派比醫生、
> 叔叔菲納和他兩個兒子……都來參加早餐。我為他們準備了一
> 桶牡蠣、一碟美味的牛舌，還有一碟鰻魚，以及各式葡萄酒和
> 北唐麥芽酒。

　　派比身為主人，當然想辦好這個聚會，不只是要討父親的歡心，
還要讓哥哥湯瑪斯開心，堂兄弟就更不必說了。早餐成員包含不討
喜的湯瑪斯醫生，還有三個姻親親戚菲納一家。派比舉辦的新年早
餐內容，全都可輕易與其他早餐畫上等號。配菜共有三種，全都很
特別且昂貴，並且至少有三種葡萄酒和麥芽酒，這使得該早餐在派
比日記和當代紀錄中獨樹一幟。

　　大早餐是在史都華王朝的影響下，從蘇格蘭傳至英格蘭。若想
鞏固這個假設，就有必要強調，蘇格蘭大早餐的歷史甚至可追溯至
更久遠的年代，就發生在史都華王朝宮殿。蘇格蘭早餐最古老的詳
實紀錄非常接近大早餐，但距離詹姆士六世和一世還很遙遠。而在
《蘇格蘭西島旅遊札記》（*A Journey to the Western Islands of Scotland*）中，山
謬・約翰生（Samuel Johnson）的海布里底式早餐可以說就是一大里程
碑。

海布里底群島男人的飲食（當地女人的飲食無從得知）是一早起來，就會灌下一杯威士忌，但該種族不酗酒，至少我沒看他們放縱無度。不過，說到早晨小喝一杯，可是沒人會拒絕的，他們稱這「小喝一杯」為早餐酒（skalk）……。一杯下肚不久，就差不多該吃早餐了。無論是在蘇格蘭低地或山區，這一餐的確已經超越我們，果真讓我們心服口服。茶跟咖啡不只搭配牛油，還有蜂蜜、果醬和橘子醬。若是饕客能自由瞬間移動，尋求感

一八五八年的油畫，古斯塔夫・庫爾貝（Gustave Courbet）的《狩獵早餐》（*The Hunt Breakfast*）。

官滿足，無論他在哪用過餐，都一定選擇到蘇格蘭吃在地早餐。

我們第一個注意到的是，海布里底人（約翰生並未指向全蘇格蘭人）習慣一早起來就吃早餐，這點與地中海傳統的「清洗口腔」大同小異——只是少了麵包，以威士忌取代葡萄酒，之後才吃主要早餐，約翰生經歷這一切，對他來說可是一大啟發。這番敘述更另外證實，約翰生在如此民生富饒的時期享用的英式早餐（據他的編年史家包斯威〔Boswell〕說，內容是茶、麵包卷和牛油），正是當代典型的英式早餐：若非如此，約翰生說：「無論饕客過去在哪用過餐，若能瞬間移動，一定選擇跳到蘇格蘭吃當地早餐。」時就不能指望讀者相信他的話。

瓦爾特・史考特（Walter Scott）的小說《威弗利》（*Warverley*），背景設定是在詹姆士黨人起義之後的一七四六年，但最後是在一八一四年，與《曼斯菲爾德莊園》同年出版。書中，史考特仍記得約翰生的觀察，可是他卻請英國旅人坐下，吃一頓分量更為紮實的蘇格蘭早餐。

（威弗利）看著布萊瓦丁小姐負責倒茶和咖啡，桌上擺滿熱騰騰的麵包，兩種麵包皆以麵粉、燕麥片和大麥粉製成條狀、蛋糕、餅乾等其他形式。另外還有蛋、麋鹿火腿肉、羊肉和牛肉

火腿、煙燻鮭魚、橘子醬，以及讓約翰生讚不絕口、超越其他國家的蘇格蘭早餐美食。混合的燕麥粥旁有一只銀罐，裡面裝著鮮奶油和脫脂奶以等比調和而成的醬汁，任男爵自行取用。

這個以引述約翰生文章而成的虛構餐桌，共有三種不同麵包、蛋、三種醃製肉品、煙燻鮭魚等。飲品可選茶或咖啡，在十八世紀的早餐算是相當罕見，卻讓人想起亨利王子早餐的葡萄酒和啤酒選擇。威弗利的主人這時還沒出現，他出現後便會在燕麥粥「淋上以鮮奶油和脫脂奶（butter-milk）等比調和而成的醬汁」食用。我們隨後不幸地發現，威弗利並沒有好好重現這頓餐食的豐盛。反倒是史考特的讀者較懂得欣賞早餐的豐富性，包括赫爾曼·普克勒·穆斯考（Hermann von Pückler-Muskau）在內。一八二〇年代，他曾待在北威爾斯朗高倫的客棧，早餐吃了：

冒著熱煙的咖啡、新鮮雞蛋、深黃色牛油、濃稠的鮮奶油、烤過的馬芬糕（一種精緻糕點，配牛油趁熱吃），最後，還有兩條新鮮捕獲的紅斑鱒魚⋯⋯。

這頓早餐相信連瓦爾特·史考特在高地遇見的英雄，都會滿心感恩接受吧。

約翰生觀察到的早餐與史考特想像的早餐，兩者都偏奢華。雖

然約翰生刪除了這部分的描述，不過史考特寫進了多數人覺得是蘇格蘭人不可或缺的元素，也是實實在在的愛爾蘭早餐：「看看都柏林或愛丁堡飯店的咖啡廳裡，那老當益壯的男士啊！」湯瑪斯·弗瑞斯特（Thomas Forester）於一八五〇年寫道。

　　遠處，無所事事的娘娘腔正在享受牛油馬芬糕……侍者在他桌上，擺好一盤國民雜糧，沒有這頓，他的早飯就有失完美。這頓早餐可以打造出強健體魄，相信到了晚年依然可像條活龍吧？

　　「國民雜糧」的正解是——燕麥粥（或愛爾蘭人說的「拌粥」），弗瑞斯特的食譜會詳盡列在第三章。

　　自史考特的年代起，凱爾特族的老饕聲譽就響徹英國東南部，一路延續到倫敦，早餐再也不那麼蘇格蘭，反而較接近帝國風格的世代。柯南·道爾（Conan Doyle）在一八九三年出版的《福爾摩斯：海軍協定》（The Naval Treaty）中，即證實了這點：「『哈德遜太太隨機應變。』福爾摩斯一邊說，一邊揭開盛著咖哩雞的碟子。『料理時她面臨侷限，但全多虧她那不輸蘇格蘭女人的早餐點子。華生，你手上拿的是什麼？』」華生找到火腿和蛋，果然是典型的英式早餐。還有咖哩雞——這道菜倒是十分特別。該細節就是一種背叛，透露犯人的故鄉背景深受十九世紀英屬印度早餐的影響——這段內容以回

憶形式，長篇幅追溯殖民官和他們家人的往事。

我們可以從理察德・伯頓（Richard Burton）的第一本著作，一八五一年出版的《果亞和藍山》（*Goa and the Blue Mountains*）一窺端倪。伯頓遠離果亞的塵囂，來到清涼山林，英國人曾稱這座山為「尼爾蓋利山」。這份早餐與其他相同，是經過一早舟車勞頓後才吃，和其他早餐一樣，隨後還有飲料（伯頓所謂的「探索，discussing」其實是指「暢飲，imbibing」）：

> 正在陽台探索一杯茶時，一名看馬人打著哈欠從早晨小睡中醒來，前來看顧你的老馬。他牽著馬大搖大擺在你面前走動。在陽台這時「管家」來告知早餐準備好了，有鮮雞肉、咖哩與蛋、一整盤未發酵的愛普斯薄脆餅——想吃麵包，這兒可是一塊難尋。還瞥見幾顆想用來取代牛油的番石榴或芭蕉……。

波頓對牛油發脾氣的事，就沒有必要引述了。然而，這段簡短的引述強而有力地支持著一常見原則：只要能跟麵包一起下肚的，都是配菜。要是有牛油，牛油就是配菜，這裡番石榴和芭蕉被當作牛油外的選項，想必多數人都有同感，認為這兩樣食材和牛油根本就是天差地遠。

我們可拿十九世紀中葉旅人在印度南部的早餐，比較語言學家約翰・比梅斯（John Beames）幾乎同時期的記憶。他從一八五六年開始記

錄早餐，當時他還在哈特福鎮附近的海利伯里念書，準備印度公民服務局的公職考試：「我們的早餐包括茶或咖啡、好吃的麵包塗上牛油，還有……羊排或咖哩比目魚等食物。」這裡，我們看到很多配菜，但除了牛油外，一次只可取一種。這種大學生活讓滿腔熱血的海利伯里新鮮人準備就緒，迎接在印度未來幾年的單身生活。比梅斯在加爾各達租到的這間宿舍，每天早上九點都會提供帝國早餐。緊接著才是一杯早茶，然後輕快外出通勤。

　　我們通常早上五、六點間起床，穿著睡衣褲，坐在陽台喝茶。早餐……是準備得十分精緻的一餐，有魚肉、羊排、豬腳或其他肉、咖哩飯、麵包、果醬和多種水果，像是柳丁、芭蕉、荔枝、鳳梨、木瓜或柚子等各種時令的水果。有的人喝茶，但多半喝冰涼的淡紅酒和水。

　　在加爾各達市密爾頓街三號的萊特小姐家，淡紅酒是唯一不包在每月三百盧比（約三十英鎊）食宿費用的早餐餐飲。

　　唯有揮汗運動後才配得上吃這種早餐，晚起的人恐會後悔莫及。在安東尼‧伯吉斯（Anthony Burgess）的三部曲小說中，行動力不足的英國教育學家克雷柏，在馬來西亞最後幾年就無福消受像這樣的早餐。故事發生在波頓和比梅斯經驗後的一百年，在兩者綜合之下，更彰顯英國特色。克雷柏的「龐大早餐」由中國僕人阿永準備，早餐

如實反映出馬來人心中對外國的刻板印象。他認為殖民官一定要吃「葡萄柚、冰木瓜、燕麥粥、醃魚、蛋和培根，搭配香腸和羊排、土司與蜂蜜」。

十九世紀時，英式早餐不僅傳到印度和馬來西亞，甚至遍及紐西蘭、澳洲和加拿大等版圖。注意看亨利・漢德・理查森（Henry Handel Richardson）的《歸途》（*The Way Home*）中，描述二十世紀初的澳洲早餐：「他們用自己的方式吃肉排、牛排、蛋和炸魚肉丸、梭魚和

二〇〇一年十月，美國總統喬治・布希與國會領袖召開早餐會議。

班尼迪克蛋：英式馬芬糕切對半，放上火腿、水波蛋、荷蘭醬。和其他以人名命名的菜餚一樣，是哪位班尼迪克發明這道菜呢？來源不詳。

維吉麥酵母醬，於一九二一年
的澳洲發明，由於英國的馬麥
酵母醬臨時短缺，為因應需求
才開始生產。

長嘴硬鱗魚、水果、熱呼呼的麵包卷、果醬、茶和咖啡。」更多引用
在第五章。

　　至於美國，約翰·史坦貝克描述的奧克拉荷馬州配菜——火腿
和「肉汁」——在二十世紀初反覆出現於瑪裘莉·基南·羅林（Kinnan
Rawlings）的回憶錄中佛羅里達州的火腿早餐：

　　白培根在各地皆以同樣方式料理，通常會稍微浸入熱水或牛

奶，然後瀝乾水分，灑上麵粉，並炸到酥脆金黃為止。將大量炸油倒入碗中，這就是鄉下人的「肉汁」。這屬於固態油，用來倒在粗玉米粉、地瓜、玉米麵包或蘇打餅乾上。

熟悉的火腿蛋（以及無所不在的肉汁）至今仍然可見。一九九一年，趙健秀的小說《唐老亞》（*Donald Duk*）中，火腿蛋就赫然出現在中國人開的咖啡廳裡，經理端上熱騰騰的早餐：「兩面煎過的火腿蛋、香濃馬鈴薯……培根炒飯，不加肉汁……豬排、水波蛋、薯條。嗯。香腸肉排、單面煎蛋。好，你是吃比利時鬆餅。我有糖漿，沒問題。」

炒蛋、水波蛋、單面煎蛋都很標準，可是對英式早餐傳統而言，馬鈴薯、比利時鬆餅、楓糖漿都很陌生。除此之外，美國又帶入其他陌生早餐飲食。「『想要來點早餐嗎，親愛的？』『要不要吃水波蛋、土司和玉米粉？』『你要小麥的還是白的？』『小麥。』……我打蛋丟入玉米粉，以少許牛油攪拌，一口土司，一口玉米粉。」以上是羅柏・克里斯（Robert Crais）的犯罪小說《巫毒河》（*Voodoo River*）中英勇偵探的台詞，那時他人正在美國南方腹地的一間小吃攤。所以玉米粉有「小麥粉」或「白玉米粉」之分？想必英國旅客肯定摸不著頭緒吧！不過艾維思・柯爾（Elvis Cloe）已做好準備，要把水波蛋丟進燕麥粥，他也完全清楚牛油要怎麼食用。

將美國的例子和維多利亞時期的英國大早餐一比，感覺似乎屬於較低層的階級，若要是有這樣的感覺，那就意謂著尚未看見完整

全貌。二十世紀初，追求時尚最不落人後的美國人經由營養師的指導，早餐的種類可說是應有盡有。其中一人是保羅・皮爾斯（Paul Pierce），他在一九〇七年書名有提到早餐和茶的書裡，就建議大家怎麼食用早餐和茶。皮爾斯的五菜「菊花早餐」是輕盈的選擇。在孟菲拉（Montferrat）侯爵夫人替好色的法國國王準備的全雞料理裡，也有很好的對照組：

時間十點……室內裝潢色系共有三組——客廳用白菊花、書房用粉紅菊花、飯廳用黃菊花。在小桌上菜，桌面以豐富的花卉中央擺飾裝飾，中央垂墜著漂亮的巴騰堡蕾絲或亞麻布擺飾，以及平底玻璃杯墊布。

第一道：以點心盤盛裝的一小串葡萄。

第二道：烤蘋果（去果核，填入煮過的燕麥。烤過後，整顆蘋果擠上生奶油）。

第三道：雞肉可樂餅、焗烤馬鈴薯泥、牛油卷、芹菜和咖啡。

第四道：水果和核果沙拉，以小杯子盛裝，放在麵包和牛油盤，旁邊有薄脆餅。

第五道：分別是棕色、粉紅色和白色的三色冰淇淋；天使蛋糕，以及粉白雙層蛋糕。

「每張餐桌上，都要有一道鹹杏仁。」這是皮爾斯最後的建議。

一九一三年，法朗索・絲柏格・莫蘭太太抵達，與伍卓・威爾森太太共進早餐。

他建議的「午間早餐」，更吸引人的說法是「流浪漢的澎湃早餐」，與雷尼埃提到的早餐一樣，內容太多無法在此引述，但飲料還可以定調。「茶不在正規早餐之列」，他指出，「當然，要是有人想喝，還是可以上茶。蘋果酒、麥芽酒、淡葡萄酒、各式夏季『酒品』，或水果雞尾酒都合乎正常程序。早餐酒品是雪莉酒、德國白葡萄酒、萊茵葡萄酒、梭甸貴腐酒和香檳」。

第三章

穿越空間的早餐

「一般認為，早餐用餐時間通常在上午，縱然用餐時間不在上午，早餐的內容還是與其他食物有所區別。從這個角度出發，有人宵夜吃的也是早餐。」

——維基百科〈早餐〉（二〇一一年）

以上兩句話都說的有理，我們已經看過早餐菜色，確實和「其他餐點不同」，與認為早餐非得「上午吃」的人，也沒什麼好爭。以上的引述明確點出早餐時間的不定性，若想從這種人人都可參與編輯的線上百科取得真相，用餐時間的不定性會是一項艱鉅挑戰。根本就沒有必要遷就這些失眠又不知所云、在「上午以外時段」吃早餐的維基百科撰寫人。接下來的地理調查，與本書其他章節討論的一樣，早餐還是每日第一餐，但從來就不是最主要的正餐。另外我還要堅持，早餐的用餐時刻是在中午前。

隔夜菜

我們找出兩個早餐的來源，兩者皆始於新石器時代人類的慣例，而他們則是第一批採用慣例的人。早餐的目的是輕鬆快速的一餐，餵飽飢餓、辛勤工作的人。之所以輕鬆快速，是因為早餐是利用可長期貯存的糧食，或隔夜剩下的飯菜製作而成。

第二種來源，亦即出現在第一個文學作品的早餐：尤茂斯準備上桌的是「昨晚剩餘的烤肉」，在現代早餐也是司空見慣。放眼現代世界，最常見到早餐吃隔夜菜的地區就是東南亞，理由也很充分。米飯是稀鬆平常的主要糧食，若正餐已先煮好，可以放隔夜，再加熱也很容易，既好吃又營養。但另一方面，東南亞氣候炎熱潮濕，貯存較其他地區不易，所以最好趁當日溫度上升前處理掉剩菜。

也因此，日本、越南、緬甸和其他鄰近國家的人民，經常拿昨夜剩菜當作今日早餐。米飯通常會加入其他食物再煮過，常見的料理法是拌炒（先前飯已煮好），偶爾添加調味香料，或者製成薄餅或糕狀。如此一來，米飯的樣貌、質地和味道便和前一晚煮熟的白飯截然不同。如果沒有剩飯，準備其他早餐的時間還是應付得來。要是沒有剩下配菜，僅有白飯，便可在白飯上簡單加入少量味道濃郁的配菜。就拿印尼來說好了，一點點ikan teri（醃製鯷魚）便可刺激早晨遲鈍的味蕾，再不然，較不讓歐洲人生畏的炒蛋，也是一種選擇。

菲律賓的隔夜菜慣例，促使一種早餐菜色類別的發明。這類菜

餡全以米（si nangag）為基底，首先以水煮熟（原是昨夜晚餐），再添加鹽巴、新鮮蒜瓣拌炒，搭配煎蛋或炒蛋（當地話是 itlog），另外還會有一小份肉。上述的第三個原料通常是 tapa：薄切醃肉，以鹽巴和辛香料醃製保存。稍微炒過或火烤 tapa 後，再倒進白飯和蛋裡。這經典組合有個複合名：tapsilog。菲律賓早餐店供應的不同組合，常變化出一堆複合名：與稍微煎過的醃培根（tocino）組成的 tocilog，在加勒比海也很常見；煙燻臘腸（longganisa）製作而成的 longsilog，這種來自古代地中海的臘腸，到了菲律賓又被賦予新生命；還有和烤到表皮焦脆的乳豬製成的 litsilog（乳豬的西班牙文是 lechón）；與以醋、蒜和醬油長時間醃製的肉品，後以食用油煎炒變化出的 adosilog，該名 adobo 取自西班牙燉飯，後來在菲律賓蛻變成另一種截然不同的料理，醋能良好保存肉品，煮出的味道也很令人驚豔。

　　現代較少人會把隔夜菜當早餐來源，這也是有理由的。「你能吃蛋糕，又同時擁有嗎？」十六世紀的人曾說過這句話，十九世紀的版本則是「魚與熊掌，不可兼得」。兩句話的意思正好都是：要是晚餐吃光，早餐就沒得吃了。此外，現在要在家裡長期庫存糧食也比以往便利，可長期保存的食物更容易購得，樣式變化也較過去增多不少。世界上大多地區，這種食物都可輕鬆快速做成早餐，所以要是有隔夜菜，節儉的話便在隔日重新做成午餐；較不節省的作法，就是拿來餵家裡的寵物和豬；再更浪費一點，便是直接丟進垃圾桶。

單碟早餐

單碟早餐曾經是每日標準,至少在典型早餐是用盤子裝的地區如此。以前的人很少用碗,既昂貴又不好量產。單碟早餐現在也象徵一種區域特色,而這廣大的地區範圍,就是前文提到的東南亞。

湯麵是基本菜色,比起做出一盤用同種湯頭熬煮、澆上白飯的早餐,湯麵更能快速煮食,也更容易處理。在日本、韓國、中國東南部,這一類早餐是許多人每日的選擇。十九和二十世紀時,中國人口大批移民,湯麵隨之傳到更遙遠的地區,例如菲律賓、印尼、馬來西亞、越南、柬埔寨、寮國、泰國和緬甸。湯頭質地多少透明,湯底材料則為魚肉、雞肉或其他肉類高湯,常用食材還有香草,口味或多或少偏辛辣。麵條則是以世界各地的早餐常客——穀物所製成的。

日本版是味噌湯,湯底使用「出汁」(dashi),以日本昆布製成的高湯,再者使用椎茸。這樣就已經夠營養美味了;一個世紀前,人類就是在這種昆布高湯中首度發現了「第五味」——鮮味(umami)。接著在高湯中加入味噌。味噌帶鹹、味道濃烈,是以米麴菌發酵大豆或米飯,所製成的營養價值極高的食材。米麴菌也可用於清酒的發酵,在日本擁有兩千年以上的歷史。

魚湯米粉(mohinga)是緬甸城市鄉鎮的國民早餐,是上班族趕路途中的最愛。這道菜屬於近代發展,跟其他緬甸現代美食的特色一

致，雖原本是從偉大的東方文明傳過來，但仍具備當地獨特性。過去半個世紀以來，魚湯米粉的人氣持續看漲，對回到家裡也不能沒有它的人，甚至還有魚湯米粉泡麵。這種魚湯米粉可在街邊小吃攤買得到，會加入鷹嘴豆粉或炒米、香茅、洋蔥、蒜、薑、胡椒、味道強烈的ngapi（魚醬），然後搭配炒洋蔥、乾辣椒、魚露，和新鮮香菜一起吃。緬甸美食中，香菜是絕對不會出錯又無所不在的一種香料。源自緬甸西北部若開（Arakan）、隨後在其他地區廣為人知的版本，是以鱸鰻塊、辣椒醬和其他辛辣香料調味製成，它的暱稱ah pu shar pu意指「喉嚨和舌頭噴火」，果真沒有浪得虛名。

菲律賓早餐食用的湯麵包括batchoy，湯底是雞湯，再加入豬肝和脆豬皮。有故事詳細敘述這道菜的發明和命名過程（某版本說，是在一九三八年怡朗市的拉巴斯市場發明的）：故事或多或少屬實，不過有件事是絕對的，那就是batchoy是在班內島的中國人之間崛起。即使不是中國南方海岸居民大舉移民時一併帶來的特殊食譜，肯定也是他們帶來的概念。

台灣、中國南部和寮國的湯麵或許算得上單碟早餐。還有油條，也就是兩條油炸甜甜圈或麵包棍。油條在廣東省當地歷史悠久，還有個眾人深信不移的傳奇起源。油條象徵的是不幸又險惡的宰相秦檜與其妻子。秦檜因為在一一四二年冤岳飛於一死，而被眾人冠上惡名昭彰的罪名。過去八百五十年間，他所受的懲罰，就是每天被丟入油鍋裡油炸、撕裂、沾取湯汁，被好幾百萬中國人怒吞下肚。

在中國美食的影響下，湯麵在二十世紀初的越南也很受歡迎（河粉是一種牛肉或雞肉湯麵，最早可追溯至二〇年代的河內地區），但受到法國料理的勢力影響，反以法國麵包沾湯食用。

世界上至少有另一個地區是以早餐喝湯聞名，只不過風格迥異。在祕魯山區，濃湯以玉米粉（美國說法是「玉米粥」）為底，加入肝臟

中國桂林市的米粉早餐。

印尼炒飯，屬於炒飯料理，是印尼跟馬來西亞早餐中，最傳統又高人氣的選擇。

食用。波哥大一帶和哥倫比亞砍地那瑪卡區的居民，喝的則是水波蛋牛奶湯「changua」，以鹽巴和香菜調味，青蔥裝飾，最後倒入已經沒味道的隔夜麵包。

　　這一類湯很少是真正的單碟早餐，因為雖然湯是液狀，不過另外還會附上一種典型的早餐飲料——通常是茶。在鄰近地區，盛行的單碟固體早餐也一樣。從泰國南部到馬來西亞、新加坡和印尼，眾多種類的米飯不僅是早餐，甚至成為國民美食：馬來椰漿飯（nasi lemak）是油飯，手扒飯（或達崗飯，nasi dagang）是蒸飯，印尼炒飯（nasi goreng）則是炒飯，還有用混合米製成的印尼椰漿飯（nasi uduk），以上都只是最盛行的其中幾道。馬來椰漿飯是典型的馬來半島西岸菜，手扒飯來自東岸，印尼椰漿飯來自島嶼。以上三種都不是用一般的水，而是以椰漿為底煮成的白飯，另外加入香料調味：印尼椰漿飯用的是丁香、桂皮和香茅；手扒飯使用的是葫蘆巴籽和紅蔥頭片；馬來椰漿飯則採用露兜葉、偶爾用薑。這些菜通常搭配蛋或歐姆蛋、辣雞肉或牛肉、醃菜、炒江魚仔、炒洋蔥，可能還有沙爹花生醬（sambal kacang），通常以香蕉葉包裹。手扒飯的魚味較重，還包括一道香氣逼人的辣鮪魚，富有濃郁的南薑、辣椒、薑黃和香茅味。印尼炒飯和另外三道料理大不相同，用的是炒飯，眾人一致認為是中世紀由中國南方傳入，自然是利用煮好的飯入菜的中式作法。現代的印尼炒飯可能以蒜頭、紅蔥頭、羅望子和辣椒調味，旁邊的配菜可能是蛋、雞肉或蝦子，再不然更簡單一點，就是加入江魚仔提味。

　　中東的單碟早餐非常與眾不同，叫做茄汁香料水波蛋（shakshuka），意思比詞源更清楚，意指「混合」很好猜。因為絕對錯不了，就是以番茄醬汁、辣椒、洋蔥、孜然混合調味製成的水波蛋。傳統以鐵鑄平底鍋煮，整鍋上桌，以麵包吸飽湯汁食用。土耳其也有一模一樣的料理：土式番茄炒蛋（menemen），用的是炒蛋，有時會加橄欖，有時則是加香腸或醃製乾牛肉（pastirma）。這道料理橫跨大西洋，化身為墨西哥等地家喻戶曉的菜餚：墨西哥辣醬煎蛋（huevos rancheros）。

這裡蛋是用煎的，麵包換成玉米粉或小麥製成的墨西哥薄餅，搭配炒過的豆泥和酪梨，或以酪梨醬取代，但番茄和辣醬絕對是不可取代的靈魂角色。最後介紹一種猶卡坦版本的莫圖爾蛋（huevos motuleños）在古巴也小有名氣。一樣沒變的是，蛋仍覆蓋在墨西哥薄餅上，番茄則由黑豆和乳酪取代。

飲品

不管熱愛咖啡和巧克力的老饕怎麼說，也不論早餐喜愛喝葡萄酒、威士忌或塞吉沃維加烈酒（sljivovica）的人，是怎麼拼了老命替他們愛喝的飲料說話，茶始終是世界級的早餐飲品它原本只是東亞一種風味淡薄的草本複合飲料，在世界其他角落尚無人知曉，一直到十六世紀才驚天動地地登場。

茶來自中國西南方山區，距離中國勢力核心的北方相當遙遠。據傳西元前二世紀時（有人說時間還要更往前推，但現在已經無人可證實），在北方，茶亦是名聞遐邇。中國文學作品較多描繪品茶茗情，較少提及其他早餐餐點。在《紅樓夢》其中一景，年輕的賈寶玉剎然想起早餐喝的茶：

「妳今早做楓露茶。」他對茵雪說：「我記得曾經告訴妳，有個特別的牌子，要回沖三、四次，香氣方得完全施展⋯⋯這個時

候才得喝楓露茶。」

「我本是要沖給你喝的。」茵雪說：「怎料李嬤嬤一來，把茶給
喝了呢。」

賈寶玉一把將杯子摔在地面，熱茶灑濺上茵雪的裙子，很典型
是他會有的反應。小說才開始不久，賈寶玉的驕縱性格便無所遁形。

茶一向是國民飲品，在早餐和其他餐間飲用，號稱「中國茶」。
滾燙、色清（不加牛奶和糖），用小茶杯盛裝，通常與茶壺搭配成組，
茶壺或可獨立使用。在日本、韓國和東南亞，茶是最受歡迎的早餐
飲品，可是以上地區現在都已遭到咖啡的攻陷。

很多香港人（這點要怪就怪英國人）喝奶茶，甚至產生一種奇特
組合，就是一半紅茶、一半咖啡牛奶的綜合體——鴛鴦奶茶。鴛鴦
是一種中國鴨種（該名稱確實源自鴨），雌雄不同種，搭配成對。

馬來西亞和緬甸還有一種國產好茶。再往西邊去，印度茶取代
了中國茶，成為當地的早餐飲品。我們這裡說的正是斯里蘭卡和印
度本身的國民茶飲。有人早餐偏愛印度奶茶這種混合香料與香草的
綜合茶。巴基斯坦人也喝茶，有些阿富汗人喜歡在茶裡添加玫瑰精
華或小荳蔻籽。伊朗和中東人的茶飲風格普遍來說不大相同，會加
糖。繼續往西邊挺進，從利比亞乃至摩洛哥的居民喝薄荷茶。薄荷
茶的基底採用綠茶，味道更甜，還帶薄荷香氣。

茶是大英帝國的遺產。直到今日，茶在英國的地位依舊歷久不

衰。有人喝茶不加牛奶，可能選喝茉莉風味伯爵茶，再加入一片檸檬。但絕大多數的人喝茶會加牛奶（因此還出現應該先倒牛奶，還是應該先把茶倒入杯子的論戰）。除了牛奶，很多人還加糖。大英帝國勢力所及範圍的居民依然喝茶，從愛爾蘭到奈及利亞、烏干達到肯亞（肯亞大量產茶），乃至澳洲和紐西蘭。唯一的例外當屬美國，殖民時期茶葉增稅，引發眾怒，最後當地人民便戒除喝茶習慣，改喝咖啡。英國人本身是出了名的咖啡白痴。一七八二年，據瑞士牧師查爾斯‧P‧莫里茲（Charles P. Moritz）觀察發現：「我會建議想在英格蘭喝咖啡的人，請事先提醒對方半盎司咖啡粉要製作多少杯，否則等會兒端上來的很可能是大量難以入口的咖啡水。」要是有人質疑莫里茲和我的說法，那麼指示我去讀《莫里茲遊記》（*Moritz's travels*）的阿諾‧帕爾莫（Arnold Palmer）亦能親口證實：「從查理二世（Charles II）時期起，一直到喬治二世（GeorgeII）在位期間，」帕爾莫描述：「倫敦人買過的、泡過的咖啡數量居世界之冠，但很顯然地他們從沒有真正學會或想過學習煮咖啡的訣竅，甚至可能還不知道煮咖啡有訣竅呢。就算不斷指導他們煮咖啡，他們也是無動於衷。」

　　衣索比亞人發現並種植咖啡，從伊斯蘭世界的近東傳至地中海。然而，從各種咖啡種類的名稱不難發現（濃縮咖啡、卡布奇諾、拿鐵，這些名字聽起來簡直就像鳴奏曲的旋律），義大利才是真正懂得做咖啡的國度，而現代美國和大多數的美洲國家最懂喝咖啡。幾乎有三分之二的咖啡都是在早餐喝掉的。在多半美洲國家，咖啡是主要的

早餐飲品，有些帶有當地風格，像是接近希臘風格的厄瓜多濃烈黑咖啡，壺裝咖啡（café de olla）以鋁製小壺沖泡。或者是又甜又鹹的古巴咖啡牛奶。黑咖啡在巴西早餐的地位舉足輕重，他們甚至還賜給它一個早餐的名號——「早餐咖啡」（café-da-manhā）。

全世界都在喝咖啡，喝掉的數量與日俱增。追求流行的人到哪兒都喝，舉凡熱騰騰的黑咖啡、加糖、加鮮奶、鮮奶油、奶粉、煉乳、冰塊、冰沙等，變化多端。各地皆有人種植咖啡豆，這點確實更促使咖啡持續傳播。當地市場販售的咖啡備受歡迎，例如罕見的菲律賓男子漢咖啡（kape barako）。當地風格咖啡可說是五花八門。越南人喝的是越南冰咖啡（cà phê sūa dá），亦即當地的濃醇濾泡黑咖啡，再在冰塊上淋香甜煉乳。這種咖啡對過去曾在越南生活的人來說意義非凡，並且念念不忘，美國人因此如法炮製，利用菊苣再現越南風味。

菊苣根源自歐洲，在咖啡太昂貴或短缺的國家，菊苣根是一種高人氣的咖啡替代品。在咖啡過度氾濫的年代，這些不含咖啡因的替代品掌握了新市場脈動。至於不含咖啡因的替代品有何好處？可彌補它們所缺乏的咖啡因嗎？實在很難說。所以在路易斯安那州有菊苣，其他地方則食用蒲公英根。有一陣子，甚至流行喝麥麩和糖蜜等原料製成的波思登（Postum）。波思登這名字是由發明人 C. W. 波思特（C. W. Post）在一八九五年冠名而來，主要銷售對象是美國媽媽，讓她們泡給孩子喝，並且在大人間更是紅極一時，特別是在咖啡因不可攝取過量的情況下。惜波思登在二〇〇七年熄燈，使得

多數消費者扼腕不已。不過大麥製造的替代品依舊存在，例如：盛行的波蘭早餐飲品印卡（Inka）、卡羅（Caro）、佩羅（Pero）跟大麥杯（Barleycup）。

刺激性早餐飲品三寶中的第三寶——巧克力，於十六與十七世紀傳入新市場。但巧克力沒有咖啡或茶如此神通廣大的傳播力。歷史上，熱巧克力原是阿茲特克皇朝君主的提神飲料，現在在哥倫比亞、中美洲、西班牙和法國都是飲品的選擇。在別的地區也有少數擁護者，有些是還沒飲用咖啡或茶習慣的小孩。巧克力不如其他兩種飲品那麼容易上癮，但也更滋補營養、滋味可口，使人一喝就愛上，有些人幾乎無法抵抗雀巢和阿華田的可可飲料。而高能量飲料可樂高（Cola Cao），結合了巧克力和可樂果萃取物，並且添加維他命和礦物質，許多西班牙父母會買來讓孩子增胖，現在在中國也相當有市場。

在西班牙，咖啡廳的傳統早餐大多是巧克力吉拿棒（chocolate con churros）。吉拿棒可能是由葡萄牙人經商引進，與中國南方的油條似乎真有親戚關係，不過這點並無人可以證實。話說回來，吉拿棒是一種形狀窄長的油炸麵包棍，可以裹上糖霜或沾巧克力醬食用，不過早餐時通常是沾熱巧克力飲品或咖啡牛奶。吉拿棒的味道略鹹，巧克力醇厚而香甜。其他地方的咖啡廳當然也有類似早餐，像義大利的卡布奇諾配布里歐麵包（cappuccino e brioche），法國的咖啡歐蕾搭可頌（café au lait）。

從伊拉克、敘利亞、以色列乃至土耳其，從葡萄牙到西班牙、法國，然後又從任一個方向橫跨歐洲北部，各種早餐飲品已經密不可分。咖啡的比例可能占絕大多數，但有些人偏愛巧克力，有些人則愛喝茶，不過卻少有人喝英式奶茶。草本複合茶可能取代茶，柳橙汁也是人氣選擇，可口可樂等含有咖啡因的飲料也大有人喝。牛

一九一○年的波思登廣告。廣告早期主打對象是過度關切小孩早餐健康的父母，刻意提及咖啡因上癮的隱憂。

奶也是一種飲料選擇，父母會要求孩子喝。在希臘的「牛奶店」，牛奶更一度成為標準選項，不過現在希臘人多少改喝不同類型的咖啡——從希臘咖啡（非常濃烈而香甜）到希臘冰咖啡（加了奶的冰飲）等。大致來說，晚一點會選喝黑咖啡的人，早餐可能較喜歡一大杯加有牛奶的滋養咖啡。

緊接著還要來看較少數人接觸的早餐飲品。有阿根廷的刺激性飲品瑪黛茶，還有巴西的喜馬紅茶（chimarrão）。喜馬紅茶是一種用瑪黛茶葉（或巴拉圭冬青）製作、很類似茶的複合飲料，瓜拉尼人和圖皮人在歐洲人抵達前已經在喝了，不過當時並非當早餐飲用。喝法是趁剛煮好時，裝進葫蘆裡滾燙著喝。從玻利維亞到厄瓜多等安地斯山脈國家，有一種大麥飲料「古柯茶」（emoliente），成分有紫苜蓿、亞麻籽和當地香料波爾多（boldo）。波爾多含有少許月桂及樟腦成分。在瓜地馬拉、墨西哥和新墨西哥，居民喝的是阿托爾（atol），一種濃稠的飲品，主材料是玉米粉或燕麥以肉桂、香草調味，有時則加巧克力。

另外有以牛奶為基底的飲料，通常是發酵或酸奶，因為前現代時期，唯有少數幸運兒可以隨心所欲喝新鮮牛奶。在俄羅斯地區、東歐和中亞，克菲爾（kefir；這只是其中一種名稱）是經過短暫發酵、稍微具有酒精的健康酸奶，可以在家製作。加入不同風味、不那麼酸的克菲爾，在很多地方也都買得到。至於飲用克菲爾的習慣是怎麼傳到智利（在那裡，這種飲料叫作「鳥兒優格」〔yogurt de

一六六一年的油畫，加布里‧梅茲（Gabriel Metsu）的《藝術家與夫人伊莎貝拉‧
沃夫在酒館內的肖像》（*Portrait of the Artist with his Wife ,Isabella de Wolff ,in a Tavern*）。

pajaritos〕），就不大清楚了。在巴爾幹半島、土耳其和伊拉克等飲用克菲爾的地區再往南一些，有種口味更不同凡響的飲料艾蘭（ayran），混合優酪乳、鹽巴和水製成，是當地名聲響亮的飲品。伊朗的杜格（dugh），以及巴基斯坦、印度和孟加拉的拉昔（lassi）與艾蘭非常相似，口味有甜鹹兩種，但還是鹹的較美味。在中國、日本和韓國，早餐很流行喝豆漿，後來豆漿更傳到更遠的世界角落，因應無乳糖乳製品的市場需求。

　　還有一種麥類飲料，在世界各地的早餐桌上更是教人愛不釋手。這種飲料的名字是瑪他（Malta），可說是小孩的啤酒，是一種小麥蘇打飲料，由大麥和啤酒花釀造而成，味甜如糖漿，色澤深棕，猶如黑啤酒。在拉丁美洲和加勒比海，飲用瑪他時會加入冰塊、混合煉乳享用。

　　酒精類飲品（稍具酒精成分的克菲爾不算在內）已經不如從前，不再是早餐的熱門選項：喝酒可安神，但也會讓人醉，與早餐飲品需要具備的特質背道而馳。塞爾維亞人可能會喝一杯塞吉沃維加烈酒。另外還有前文提到的蘇格蘭高地人，他們早上也會喝一小杯威士忌。早餐喝香檳是少見的奢侈享受，澳洲人和紐西蘭人會偶一為之，但真正居住在法國香檳區的人從不這麼做。別具慧眼的丹麥客，早餐會喝苦精（bitters；他們更引以為傲稱之為「老丹麥」藥酒），但不是天天喝，而是每逢周末或特殊場合才享用。

早餐穀物

中國東南部和東亞沿海一帶的早餐主食是米飯。最典型的兩種米飯製品包括上述的麵，還有粥品。這種經過長時間以大量水燉煮，米飯會煮到幾乎失去口感的粥品，更成為一種早餐粥。「早上第一餐是煮到糜爛的米飯，或稱粥。」《中式烹飪的藝術》（*The Art of Chinese Cooking*）一書中，桂密美（Mimie Quei）寫道：「醃製跟鹹味的小菜……花生米、醃菜和炒蛋，還有一種我們福建人用豬絞肉製成的肉鬆，都可用來配粥。」可是粥品涉及範圍不只如此，在印尼叫作雞肉粥（bubur ayam），可能搭配青蔥、雞肉和甜辣醬。從安德拉省到卡納塔克邦的印度南部，尤其是市外的地區，粥是早餐的基本款，可能配醃菜、甜酸醬、羅望子和香料扁豆燉蔬菜（sambar）。在斯里蘭卡（塔米爾語中，粥稱作arisi kanji，僧伽羅語則是kola kanda），粥會加入滿滿的綠色香草——雷公草，也可能以牛奶煮成（塔米爾語叫作pal kanji）。

玉米粥在大部分非洲國家是基本早餐。南非有玉米糊（pap；有人說玉米糊到處都有，但唯有在南非是直接叫作「玉米糊」），辛巴威是薩扎（sadza），尚比亞和馬拉威叫恩西馬（nsima），東非是烏伽黎（ugali）。玉米粥色白，稠度各不相同——有些夠濃稠紮實，可用手抓起，且黏得可以沾起香料味道。在迦納，有一種烤玉米粥品牌叫「湯姆布朗」（Tom Brown），在當地享有高人氣。西非的賈里（garri）又和

一九一九年，廣東省廣州的街邊小吃，「當地人吃早餐：移動粥品攤販」。

東非的烏伽黎差不多紮實，以木薯根製成，傳到巴西後，名字又變成樹薯粉（farofa）。

利比亞與其他北非國家的比西沙（bsisa）截然不同，穀物經磨碎後混合（主要是大麥跟小麥），再混入葫蘆巴、大茴香、孜然和糖。與其他種類的粥品和燕麥粥不同之處不僅在內容物上，更是因為它經常混入橄欖油再放涼吃，還加上乾燥無花果或棗子，被當作一種簡易快速的餐點。對於撒哈拉的遊牧民族柏柏爾人以及其他旅人來說，格外方便，他們能帶著乾糧，倒入一點油即可食用。

燕麥麥片卡薩（kasha）是典型的俄羅斯和東歐早餐，和全麥麵粉及其他早餐競逐重要地位。全麥粥在北美家喻戶曉，名稱有奶油小麥粥（Cream of Wheat）和麥粥（Malt-O-Meal）等。然而，全麥粥還有兩個競爭對手：一是南方的碎玉米粥（hominy grits），也就是當地的玉米粥品；另一種是燕麥粥，在英國和愛爾蘭，指的就是一般的麥片粥。grits是正統英語名，原型為去殼穀粒；而hominy則借用包華頓的亞崗京字彙「utketchaumun」，意指「磨碎的穀物」——是玉米粉使用方式的證據。碎玉米粥起源於本為玉米粉來源區的北美東部，歐洲移民則跟美國原住民學習製作玉米粉。

燕麥粥是角逐蘇格蘭國民料理的其中一道美食（希望「美食」這個詞用得正確）。燕麥粥以水或牛奶製成，加入鹽巴、糖、楓漿或其他提味的材料後食用，從加拿大到挪威、瑞典、拉脫維亞和芬蘭（他們最愛的糖品是越橘醬），燕麥粥在整個北半球都備受愛戴。十九世

紀挪威人食用燕麥粥的方法，詳細記載在一段旅遊紀事中，也就是湯瑪斯・弗瑞斯特的《一八四八與一八四九年挪威遊記》（*Norway in 1848 and 1849*），目的是向英國懵懂無知的讀者，解釋該怎麼準備燕麥粥（現代作法請參見本書後食譜）。

取兩、三把燕麥，我個人較偏好粗細混合，比例分別為細燕麥三分之一，粗燕麥三分之二。在瓦根和其他悠閒漫遊的地區，我們吃到裸麥粗粉，認為應該是改良版。在一盆冷水中混合燕麥，再把它倒入平底鍋裡的一夸脫滾水，灑上少許鹽巴。平底鍋擱置爐火上，不斷攪拌（我看過挪威太太使用攪拌器），不時倒入少許燕麥，直到材料開始滾了，質地變稠為止。稠度可從湯匙滴落的速度判斷。持續以小火煮十分鐘，接著倒出。不要倒在深碟裡，拿一般的晚餐餐盤裝好，接著便會慢慢結成柔軟、輕薄、果凍般的糕狀。用湯匙挖出來，倒在新鮮牛奶上，再依個人喜好加糖漿。

第五章還會引述弗瑞斯特解釋要是搭配裸麥或小麥麵包，並且混合鮮奶油和糖，這道挪威燕麥將能如何發揮效力，讓飢腸轆轆的旅人恢復體力，持續撐好幾哩路，直到下一餐為止。有關粥品跟燕麥粥的話題要就此畫下終止符了。

米粒煮熟上桌時，原型依然粒粒分明的米飯，本身就是常見的

早餐穀物。剛煮好的米飯在東南亞是早餐常客，例如前文提過，米飯是馬來西亞和印尼單碟早餐的基本材料，像是印尼炒飯和可能以香蕉葉當「碟子」的近親。不然，米飯就是經常拿來重新炒過的剩菜。另一道印尼早餐「雜菜朗東」（lontong sayur），是將半熟米飯以香蕉葉緊緊壓製包起，再煮過製成的飯糰。可以放涼再切片吃，加一些辣醬、煮好的蔬菜，可能還會有麵、炸花生和蝦餅。此外馬來粽（ketupat）也很盛行。

其他碳水化合物來源，包括巴西北部的樹薯粉，也是一種填滿乳酪、椰子和其他食材的樹薯糕。饑荒降臨前，愛爾蘭人食用馬鈴薯（馬鈴薯跟米飯相似，重新炒過後，能讓前晚即做好的剩菜更可口）。多明尼加共和國搗碎芭蕉製成孟古（mangu）。以上菜餚在各地都有類似版本，但就我所知，湯瑪斯・品瓊（Thomas Pynchon）的《引力之虹》（Gravity's Rainbow）第二場，是香蕉最氾濫的一頓早餐。想像的畫面滿是「香蕉歐姆蛋、香蕉三明治、香蕉砂鍋菜……香蕉可頌、香蕉三角餛飩、香蕉燕麥粥、香蕉果醬和香蕉麵包」等各種香蕉製成的菜餚。

一般而言，直到「早餐麥片」崛起前，麵包都穩坐第二大早餐穀物的寶座。有關早餐麥片的故事，第四章會再提到。小麥麵包遠比米飯、裸麥、玉米粉或大麥製麵包普遍。在印度和中東，無發酵扁麵包就很管用。更少見的是炸麵包，例如先前討論過的油條和吉拿棒，以及印度東部以白色小麥細粉（邁達麵粉，通常也用來做印度烤

餅）和少量酥油製作的炸扁麵包（luchi）。

　　在中國西北部，米飯不是典型早餐穀物，反以麵包取代。麵包的形式包羅萬象，有烘焙或火烤、煎炒或蒸煮、扁麵包或圓麵包、玉米粉或小麥製成。在顧彼得（Peter Goullart）一九五九年作品《黑骨王子》（*Princes of the Black Bone*）中，他描寫四川山區內地的一頓早餐：

一九三八～一九三九年，西藏攝政大臣吃早餐的畫面。

四川人一天只吃兩餐。一頓在上午十點左右，第二頓約在下午五點。早餐也稱作午餐，我們食用了酥油茶和摩摩餃，還有醃蘿蔔、醃甘藍菜，以及少許糌粑，摩摩餃是以粗磨過的印度玉米製成的菱形麵包卷。

顧彼得也到過更偏遠的山區，遇見當地居民。他在一九五五年的《消失的國度》（*Forgotten Kingdom*）中描寫的當地早餐，竟意想不到地與中歐早餐不謀而合，不過當然還是有差別。下關的白族（民家）人「早餐吃的是當地的火腿和乳酪醬，搭配糌粑（以大量牛油和火腿片製成的扁圓麵包），最後以西藏酥油茶作結。」

歐洲早餐是以麵包為主食的中心：好幾個世紀以來，對歐洲的窮人來說，麵包幾乎是早餐的全部。在第二章，引述愛得蒙・高斯香氣四溢的早餐詩《早餐桌上的詩人》時，刪去以下三句：

麵包是美麗白皙的，

（正如威廉・華茲華斯所說），麵包皮和麵包心；

咖啡帶著一股稀世香氣……

高斯利用這首詩短暫向華茲華斯（Wordsworth）致敬（大文豪的版本是「星空夜的水面美麗白皙」），但這裡用來形容麵包這當代英式早餐的重點時，高斯緬懷的是早餐傳統，而不是大文豪。他吸收

了傳統中「麵包皮和麵包心」（crust and crumb）引起的負面含意，用一首輕快短詩，以活潑節奏將負面轉成正面。如我們稍後可見，在勞倫斯・斯特恩（Laurence Sterne）描述早餐的章節中（《項狄傳》〔The Life and Opinions of Tristram Shandy〕第八冊第十一章），敘述者誓言，要在他親愛的珍妮再度征服他以前，摒棄麵包皮和麵包心（「完整一塊麵包」或「完整一個女人」）。同樣說法也曾出現在莎士比亞作品《李爾王》（King Lear），國王的弄臣說的這兩句話，也是眾所皆知：

他，不吃麵包皮，也不吃麵包心，

厭倦一切的他，也該試著來一些。

這是對李爾王最直接的警告，也是真實預言：要是一個人不夠聰明，不懂得把握自己擁有的，就什麼（包括製作早餐的方式）都留不住。

更近代一些，最流行的麵包種類從歐洲傳至世界各角。昔日的法國殖民地，從摩洛哥通過塞內加爾傳到越南，人民都很熟悉長條狀的法國麵包和長棍麵包、可頌和口味更甜的近親——但不是人人都吃這樣的麵包。距離英國海岸遙遠的地區，英國麵包和土司麵包尊為早餐主食。西班牙把他們對小麥麵包的熱愛帶到南美洲殖民地，可是到了墨西哥和中美洲，小麥麵包還得和玉米粉製成的麵包爭奪王位，像是薄餅（tortillas）、餡餅（empanadas）或玉米餅（arepas）。廣泛

汲取歐洲傳統的國家中，包括阿根廷和巴西，在這兒的可頌、法國麵包和烤三明治要與脆餅、吉拿棒和德國酥餅競爭。英式海綿三明治麵包和層層酥香的法式可頌，攜手義式烘焙咖啡，在每一座城市皆說出屬於自己的流行宣言。

英式土司麵包的歷史比大家想的還要再往前推。不久前，我們才引用查爾斯·P·莫里茲對可怕英式咖啡的描述，但他卻對早餐搭配茶享用的麵包和土司讚不絕口：

除了優秀的牛油和柴郡乳酪，我在這兒發現的美味小麥麵包，彌補了那幾頓差強人意的晚餐……牛油和土司麵包連同茶一併送上，麵包猶如罌粟葉薄巧。但還有一種經常配茶享用的麵包，以爐火烘烤，味道好得沒話講。麵包一片接一片刺進叉子，拿到爐火上烤，直到牛油融化，一股腦兒滲透入好幾片土司——這樣才叫土司。

土司長久以來都是英國人和美國人心中的最愛。二十世紀初，隨著烤麵包機的發明問世，土司的人氣又再度水漲船高。第一台烤麵包機於一九○九年成功發明，在這以前，麵包都是放在明火上謹慎切盼地烤。自那時起，麵包便改用烤麵包機代勞，使用者經常烤到忘記，烤出焦黑不一致的結果。回顧三○到六○年代這段烤麵包機的全盛期，黃金年代最優秀的烤麵包機，有一部分存活下來，持

續烤出外酥內軟的絕妙口感。這些烤麵包機要是死去，想必也是上天堂。

香甜四溢的麵包——布里歐（brioche）和烤餅（fouace）。在法國與其他地方人氣居高不下。法朗索・拉柏雷（François Rabelais）的《巨人傳》（*Gargantua*），描述一場勒赫尼烤餅師傅和鄰近鄉間牧羊人（兩邊都是拉柏雷家庭的近鄰）的想像戰爭，更詳實解釋這些傳統用餘火烘

緬甸早餐——kao hnyin baung，香蕉葉包糯米和煎魚而成的「緬甸糯米粽」。

烤的甜麵包，搭配新鮮水果食用對健康有哪些好處：「注意聽好，便祕的人早餐若吃葡萄配熱騰騰烤餅，會發現這簡直猶如天堂。排便會如同長矛般一發不可收拾，就算只是想放屁，也會拉得一褲子都是。」

值得另外探討的是早餐碟菜，世界各處都可見蹤跡，只是細節各不相同，結合了穀物食物和豆類。第一個先從日本說起，那就是用菇草桿菌發酵的大豆——納豆。關於納豆的早期歷史紀錄遍尋不著，有人說納豆是近代產物，也有人認為納豆的歷史或許可推敲至西元前幾百年，該論點指出，納豆的製作方法在久遠以前的日本就存在了。可以確定的是，重複批次的發酵菌元系統，是在二十世紀初發明的。納豆黏滑的質感和氣味（有人拿納豆跟藍乳酪比較），與它嘗起來的味道一樣奇怪。一般是搭配米飯吃。

緬甸也有炒飯和煮豌豆（htamin jaw），以及緬甸糯米粽（kao hnyin baung）。後者連同豌豆、炒過裝飾用的鹹芝麻，包進香蕉葉下去蒸。在緬甸，印度烤餅（nan）、印度薄餅（chapati）和印度抓餅（paratha）可能也是跟豌豆一起食用。

在奧利沙，豌豆泥是炸扁麵包的餡料之一，可製成印度豆泥扁麵包（koraishutir kochuri）。孟加拉西部的傳統是搭配木豆或扁豆泥，食用半發酵米（panta bhath）。印度咖哩餃是包著各式餡料的炸酥餅，餡料通常是豌豆和扁豆，不僅在起源地印度西北部是相當受歡迎的早餐，在印度洋周圍，甚至遠至南非人氣都居高不下。這道菜和風

行西班牙和拉丁美洲的餡餅（empanadas）有著異曲同工之妙。不過餡餅體積較大，有時採烘焙製作，而非油炸，內餡也不同。

若覺得上面提到的奧利沙豆泥（kochuri）很耳熟，那是因為它正是英國人吃的印度燴飯（kedgeree）的兄弟。若要講解名稱的起源和含意，還是引述亨利・尤爾（Henry Yule）和安德魯・柏奈爾（Andrew Burnell）《霍布森－喬布森》（Hobson-Jobson，一九〇三年）的話最合適。這道美食在大英帝國鼎盛期直接傳入英格蘭。十九世紀時，料理名的拼法跟主角一樣有趣：

印度燴飯（kedgeree）或稱「kitchery」（北印度語是khichri），是以米飯、牛油和木豆下去煮，利用少許辛香料、洋蔥絲等調味（他們說的「等」是什麼意思？）在全印度相當普遍，通常可在僑居印度的英國人早餐桌上看見……我們發現在英國，這個字通常用指重新煮過、當早餐吃的魚肉。可是這個用法其實是錯誤的，雖然魚肉經常和印度燴飯一起吃，魚肉卻不是印度燴飯的食材。

尤爾與柏奈爾指出，早餐吃印度燴飯是「追隨古老先例」。北非外交官兼阿拉伯作家伊本・白圖泰（Ibn Battuta）在一三四〇年造訪印度時，早餐就曾吃過印度燴飯（他解釋這道菜的作法是「綠豆跟米飯一起煮，加入牛油享用」）。至於魚肉，在尤爾和柏奈爾的字

煙燻黑線鱈印度燴飯。

典裡，他們不斷重複印度燴飯是米飯、豆子或木豆的混合體，印度的英國人經常這樣吃，不過也常加魚，叫作「印度魚肉燴飯」（fish kitcherie）。在孟買，典型食材是當時稱為龍頭魚（bummelo）的魚種，現代名稱是孟買鴨（Harpodon nehereus）。

說到這，在當時英屬加爾各達常見的早餐，用的是另一種更龐大的魚種——尖吻鱸（cockup），然而出於某種理由，這種魚的名稱也換了，現在叫作金目鱸（Lates calcarifer）。

為了讓十四世紀的旅人還有閱讀印度早餐史的興致，尤爾和柏奈爾知道還是別提起源的好。一千年前的古典梵文文獻顯示，一天兩頓正餐和兩份小餐已成標準，而早上吃的小餐百分之百就是我們今天說的早餐。經典的印度早餐都吃些什麼，現在已不可考，但幾乎可以斷定「米飯和豆子」或「米飯和前晚煮好的剩菜」是常見菜色。

埃及有兩道含有穀物的早餐菜色；第一道是以橄欖油、檸檬汁、蒜汁下去煮的小豆湯（ful medames），有時使用的豆子是扁豆；第二道是法拉費（falafel），這是這道菜在國際間的稱謂，很可能源自埃及，可是在埃及名字卻不一樣，叫作塔密亞（ta'miyya）。小豆湯在東北非和地中海東部歷久不衰，含有碎豆或鷹嘴豆粉，通常包在類似口袋餅（pita或稱lafa）的扁麵包裡吃。

西非很多人早餐食用主材料為豆子的菜餚，或者豆子加穀物的料理。迦納人會在路邊攤買豆煮飯（waakye）；奈及利亞北部的豪薩族，吃的是黑眼豆炸餅（kosai）和炸小麥粉餅（funkaso），兩種都會再配玉

米粥和糖（koko）。

　　奈及利亞西南部的優魯巴人早餐吃豆類料理時，也會配玉米粉或栗米粥吃。稱為奧及（ògi）的玉米粥被包進葉子裡蒸煮，可混合煉乳吃。這裡又出現兩種另類的豆料理。第一種是摩因摩因，以黑眼豆、洋蔥、甜辣醬製成的蒸布丁。黑眼豆先行浸泡、磨成糊，再以螯蝦乾和食用油調味，然後包進葉子裡蒸。加入肉、魚、搭配用的蛋後，以上七種食材就是「七命摩因摩因」（moin moin elemi meje）。經過混合，以神祕果葉（ewe eran；Thaumatococcus daniellii）或香蕉葉下去蒸煮。蒸煮之前，葉子會被折成三角椎形，所以最後摩因摩因是以顛倒三角椎狀上桌。另一道豆料理跟黑眼豆炸餅相去不遠：黑眼豆被搓成球狀，以棕櫚油炸過。這道優魯巴名稱為阿卡拉（akara）的料理，在喀麥隆、奈及利亞、貝南、多哥和迦納家喻戶曉，它跟著其他西非料理以及送去蔗糖園工作的奴隸，一起跨越大西洋，傳至巴西的巴伊亞省。巴西葡萄牙文的阿卡拉傑豆餡（acarajé），雖然不再是早餐主食，現在卻成為巴伊亞省首都薩爾瓦多市的路邊攤小吃，甚至聲名遠播至里約熱內盧。

　　猶如上述的迦納豆煮飯料理，有一道佳餚後來也以不同名稱，在加勒比海化身成為各種料理，其來源一樣可追溯至橫跨大西洋的奴隸交易。在尼加拉瓜和哥斯大黎加，這道菜餚叫作「斑母雞」（gallo pinto），在古巴叫「沼澤與基督徒菜」（moros y christianos），這兩個名字都是取自紅紫色豆子混合白米後的斑斕色彩（有的人會在這道菜

完成後倒入酸奶，有的人則偏好加入辣棕醬）。在巴拿馬和薩爾瓦多叫洋蔥汁拌黑豆飯（casamiento），在波多黎各是木豆飯（arroz con gandules），在哥倫比亞是豆米飯（calentado paisa），在祕魯叫作豆子香料炒飯（tacu tacu），在美國南方則叫作跳躍約翰（hoppin' John），但美國人不見得當早餐吃。這些其實都是同一道菜。委內瑞拉的黑豆什錦飯（pabellón criollo）有米飯、牛肉絲和燉黑豆。牛肉可換成水豚（chigüire）或魚，就算碰到四旬期，天主教徒還是可以吃。加入各式各樣的材料和配料調味、內容如此豐富的黑豆什錦飯，贏得了國民美食的美譽，即便是較基本款的早餐樣式，仍然飽滿充足，尤其若在上面加一顆煎蛋，就會搖身變成騎士黑豆飯（pabellón a caballo）。

鹹食與甜食

早餐有兩樣成分是最不可或缺的。我們需要喝東西，所以第一種是飲品；此外，我們還需要碳水化合物和粗糧，所以第二種必需品是穀物。其他都可當作營養計畫，例如：營養早餐若是能讓我們更精力充沛地完成早晨工作，晚餐這類食物是否就減量食用；或是採用聰明節省吃法，前一晚剩菜是否可不浪費，加進今日早餐；或是採省時吃法，加入這類食物是否增添早餐美味，可以更快吃光；再者便是採用奢侈吃法。

以上分類裡的成分，首先有能為早餐飲品和穀物增添蛋白質的

牛奶；鹽巴可以加入粥品，也可能出現在早餐穀物和鹹配菜中；糖則通常是加入飲料和穀物。以上都是每日均衡飲食的必備成分，可讓早餐變得更可口；適量食用，都是早餐計畫的一部分。

有些英國人不在粥裡加糖。世界各地有人早餐只吃麵包或米飯，或是其他碳水化合物，還有茶飲。就連這些不同於常人的族群，都會攝取到一點蛋白質、一點鹽分，以及少到不能再少的糖分。對多數人來說，除了上述的四個類別，還可以加上滿坑滿谷的飲食要素。但在這裡，我們最好還是降低永無止盡的清單，整理起來會比較有條有理。

首先以糖分來說：糖分是飲食中重要的能量來源，對一天工作需要體力的人而言，糖是很合理的早餐成分。雖然不是所有人都喜歡口味甜的早餐，可是不少人從小就嗜甜，從此便上癮，而有的人則是比其他人更需要糖分。我們可在基本早餐的飲料裡混入糖，通常是蔗糖或甜菜糖，或者把糖加入麥片，再者將已製成不同型態的糖加入早餐菜色。楓糖漿和蜂蜜幾乎是純糖；果凍、果醬和橘子醬富含糖分；水果蜜餞、果汁和花蜜含有果糖，額外加糖並不罕見。而早餐麥片，尤其是主打小孩市場的麥片，也含有大量糖分。

二十世紀時，含糖早餐成為歐洲和美洲大部分地區的標準，讓人不禁想把這怪罪在法國的美食流行趨勢頭上。因為在法國，人們普遍認為鹹、甜兩味不該混在一起，法國人早餐唯一攝取到的鹽分，多半來自麵包或酥餅裡的鹽。不過話說回來，法式早餐的糖分極其

微量，有些法國人的咖啡不加糖、可頌不塗果醬，有些人甚至喜歡喝沒有甜味的熱巧克力。要是這算是法國趨勢，這種趨勢已傳至糖分攝取較不節制的國家，這些地區的國人早餐本來可能會往茶杯倒入滿滿三匙糖，在麵包跟牛油表面裹上厚厚一層不透明果醬。

至於鹽分，大部分麵包和燕麥粥僅含少量鹽，可是早餐鹹配菜的含鹽量卻早已超標。即使在歐洲，乳酪、醃製乾燥肉品和魚、醃菜的含鹽量仍是節節攀升。

土司塗滿馬麥醬。馬麥是全大英帝國上下最愛的塗醬，也是一種解決世界啤酒酵母過剩的聰明點子。

在英國版圖內，每一把抹刀上的馬麥醬和跟它類似的醬（十九世紀，尤斯圖斯·李比希〔Justus Liebig〕想到重新利用啤酒酵母的絕妙點子後，引起類似的產品發明），含鹽量都爆表。但多數早餐客會選擇適量享用，而世上最常見的早餐，可能就是搭配極少量含鹹配料的米飯。

早餐不是富含蛋白質的一餐，但穀物中蘊含少量蛋白質，豆子、豌豆和納豆則含有相當充足的蛋白質。牛奶、乳酪、蛋、魚和肉尤其豐富。早餐並不含有高脂肪，可是煎煮早餐餐點時會用到食用油，酥餅也有脂肪，牛奶跟醃製豬肉也含大量脂肪。

以上歸納並不能完全彰顯早餐的本質，早餐本質的源頭主要來自新石器時代，一方面要能快速準備好，由於是替沒時間浪費在做菜的人煮食，或由他們自己動手做早飯，因此必須是可以預期的食物，食材不是一時衝動決定或出於美食考量的選擇，而是從手邊現有的材料下去準備。每個家庭貯藏的食材通常千篇一律，並不是為了某一天貯藏，而是要能保存一整季或一整年的材料。由此可見，每個家庭的早餐習慣都很單調：每天的晚餐可能千變萬化，可是早餐天天都一樣，或是少樣菜色以可預期的周期互相交替循環。

但在錯綜複雜的後新石器時代社群間，每個家庭的食物來源不同、口味不同、儲存的需要也不同。因此，跨越各個家庭單位的層次來看，任何錯綜複雜社群的早餐習慣都是南轅北轍的。雖然耕種作物傳到新地區，且托國際貿易之賜，今日的早餐種類愈見繁多，

但一切都在在顯示，從古至今早餐的本質。

對少有國際貿易往來的地區，以及在世界食物市場鮮少具有購買力的地區，更尤其如此。

早餐飲品和穀物的地理可以稍加框出輪廓，畢竟可能選擇也不過那幾樣。可是一講到早餐配菜、鹹甜食、蛋白質和脂肪攝取的地理，就無法以合理的空間範圍框出來。為了說明這點，我得先舉出現代世界各區的典型早餐：我可以輕而易舉列出好幾百樣早餐選項，但觸及範圍可能只是一個國家的冰山一角。在這個段落舉例時，我會盡可能避免列出前文提過的食物。在中國，早餐可能吃皮蛋；日本人吃烤茄子；韓國人吃的是調味蔬菜，包括蕨類跟野生綠色蔬菜（山野菜，chwinamul），或乾綠鱈蔬菜清湯：柬埔寨人食用豬血粥：北印度人吃米布丁（jarda）、甜米條（firni）；巴基斯坦人吃哈爾瓦甜食（halva）、鷹嘴豆和馬鈴薯咖哩，或用炒蛋、蔬菜和香料製成的蛋咖哩（khagina）；阿富汗人食用菠菜飯；伊朗人吃印度乳酪（panir）拌核桃；敘利亞人的早餐則是小黃瓜、番茄、洋蔥、薄荷和橄欖油拌成的沙拉；在約旦，吃的是羊肉香腸；利比亞人吃鮪魚或淋上棗果漿的甜糕（asida）；摩洛哥人吃阿姆勞（amlou），一種混合烤杏仁、摩洛哥堅果和蜂蜜製成的醬；迦納人吃甜麵包；奈及利亞人食用樹薯粥，配椰子、花生和腰果；西班牙人吃肉腸，一種可以塗抹的香料生醃香腸；土耳其人是吃水牛濃縮奶油；希臘人吃鹹酥餅，像是填滿乳酪的羊奶乳酪派（tyropita），或是塞滿菠菜的菠菜盒子（spanakopita，

一八九七年四月
二十四日的《圖畫報》
（*The Graphic*）。圖為
一八九七年希臘土耳
其戰爭爆發前不久，
希臘特種部隊步兵在
拉瑞沙（Larissa）吃早
餐的畫面。

詳見食譜）；巴爾幹半島南部的居民，則是吃優格和蜂蜜，克羅埃西

亞人配酸奶和香料吃鄉村乳酪（sir i vrhnje）；賽爾維亞人吃煙燻五香

火腿、菲達乳酪和醃黃瓜製成的單片三明治；匈牙利人吃芥末醬熱

狗；波蘭人吃香草凝乳（twarozek）：瑞典人吃魚子醬；荷蘭人吃巧克

力碎片（chocoladevlokken）、焦糖醬（stroop）和方形椰片（kokosbrood）；

義大利人食用夾有鮪魚和番茄的三明治（tramezzino）；西西里居民吃炸巧克力酥餅（iris）；法國人吃葡萄乾麵包（pain aux raisins）；墨西哥人喝牛肚湯（menudo）和蒸牛肉或羊肉（barbacoa）；英國人吃的或許是甜豆罐頭和煎麵包；蘇格蘭人食用牛奶燉煮的煙燻黑線鱈和橘子醬燕麥餅；北愛爾蘭人吃炸蘇打麵包和馬鈴薯麵包、馬鈴薯司康、黑布丁；澳洲人食用新鮮水果；美國人吃咖啡醬、混合碎玉米粥的蝦、玉米肉餅、豬肉卷、炸雞翅和鯰魚。

旅人的早餐

誠如我們所見，同一族群和鄰近社群的早餐可能五花八門，這也就是為何在國際飯店誕生前，長途跋涉的旅人每天吃到的早餐都完全迥異。

這就是為什麼，十九世紀末時愛德華·史賓塞·摩特在馬爾他吃到的「正宗地中海早餐」主要是「紅鯔魚和草莓」，但隔天換成另一個旅人吃，內容又變了。

所以說，一八四〇年代初，芬妮·厄司金（Fanny Erskine）和西班牙外交官法蘭西斯·卡德隆·巴爾卡（Frances Calderón de la Barca）結婚後，和老公前往墨西哥途中吃的早餐，隨著他們愈往熱鬧的地方挺進，她每天描述的早餐就愈不同。她證實了柯南·道爾相信「蘇格蘭女人」很懂做早餐的說法：她經常記錄早餐，對餐點的讚美也很精

確。芬妮‧厄司金展現出西班牙早餐來到新世界後，是怎麼脫胎換骨的，而旅人又該如何順應環境。我們最好從哈拉帕開始說起，「早餐非常可口」，她報告：「極其新鮮的蛋和牛油、美味的咖啡和煎得恰到好處的雞肉，更有好吃的麵包和格外甜美的水，讓我們立刻愛上哈拉帕。」

目前為止，一切如常：唯獨雞肉算是英式或蘇格蘭早餐的稀客，即便如此，也可能只是取代一般食用的豬肉或牛肉。早餐的驚喜未完待續。不出幾天，卡德隆‧巴爾卡太太和她丈夫來到拉芬提亞，享用了一份「還說得過去的早餐，飢餓使人勉強可以接受番椒和蒜頭。」可是她無論如何，就是無法逼自己喝下龍舌蘭發酵酒（pulque）。她一心認定，奧林帕斯山上的希臘眾神狂飲的若是瓊漿玉液，那龍舌蘭發酵酒肯定就是地獄之神普魯陀（Pluto）的飲料。他們在塔庫巴的修道院，吃到一份「非常美味的早餐，簡單，卻十分好吃。有湖水魚、以各種作法呈現的蛋、米布丁、咖啡和水果。」再繼續前進，他們在瑙卡爾潘附近，參觀了著名的救贖聖母教堂聖壇，還在那兒吃了一頓出色早餐：「就在這裡，我第一次發現自己可能沒有那麼討厭龍舌蘭發酵酒。」雖然她準備好喝龍舌蘭發酵酒了，但到了之後才發生整段回憶錄中，最變化多端的一頓早餐。以下是她受邀前往墨西哥中部聖地亞哥的聖壇參觀時所吃的早餐：

我們發現他們幫忙用樹枝搭起一個帳篷……以紅花和豔紅果

莓裝飾得相當可人。我們坐在堆積的白色苔蘚上，觸感軟過隨便一塊座墊。印地安人在石頭底下煮肉給我們吃，飄出了難聞又狀似難吃的煙味。不過我們另外也享用了水煮家禽、少許熱辣的番椒、辣墨西哥玉米餅、阿托爾。印地安人稱此為阿托利（atolli），這是一種用極為細緻的玉米粉和水製成的糕餅，再以糖或蜂蜜增加甜味。最受歡迎的肉品番椒綜合盤（embarrado）果

一八九〇年左右的德州「如詩如畫的聖安東尼奧」，一個墨西哥家庭正在用原始的玉米碾磨機準備早餐。

真不罔其名，像足了泥濘（embarrado在西班牙語有泥濘的意思），但我還沒品嘗這道菜的心理準備。另外還有許多新鮮鮪魚、甜百香果、香蕉、鱷梨和其他水果，還有可盡情暢飲的龍舌蘭發酵酒。其他人集中在樹下圍成一圈，以吉普賽人的作法在乾樹枝的上頭燃小火，用大鍋水煮著家禽肉和蛋。樂團在停下來吃墨西哥玉米餅和喝龍舌蘭發酵酒之間，偶爾為我們演奏曲調。早餐過後，我們與印地安人一同參觀他們搭起的臨時市集，裡頭販賣龍舌蘭發酵酒、鼠尾草、烤栗子、一大堆烤肉，以及各式各樣的水果。

鮪魚其實不是魚，而是一種刺梨（全名為美洲刺梨）。

讓人覺得有趣的是，芬妮・卡德隆只吃自己選擇的食物。在拉芬提亞，她拒喝龍舌蘭發酵酒。到了聖母教堂聖壇，她學著欣賞龍舌蘭發酵酒，至少試著接受。而在聖地亞哥的聖壇，看見龍舌蘭發酵酒時又覺得沒什麼，反而拒吃肉品番椒綜合盤，她展現出文化適應過程中的自我知覺，以及這在選擇食物上是怎麼影響她的。這就是殘酷的真相：是旅人和暫時不在自己家吃早餐的必經之路。在金斯利・艾米斯（Kingsley Amis）的《幸運的吉姆》（*Lucky Jim*）中，男主角借住在外，必須用手邊現有的食材做出像樣的早餐——「蛋和培根」、「炸彈土司」、「利尿咖啡」。他有選擇的自由，而他決定不選這些。最後他還剩一個乏味而熟悉的選擇，「他像在閃避篝火的煙霧那般，

繞著桌子兜圈，然後沉沉坐下，以白清的牛奶淋濕一盤玉米麥片。」
但旅人可能別無選擇：要嘛吃，要嘛拉倒。這可能也是本書第二章
所見，山謬・派比和同伴從劍橋回家路上遭遇的情況，派比需要等
靴子修好，所以「早餐吃了紅鯡魚」。

　　現代化飯店最懂這一點，他們會供應常見的國民美食選擇。要

歐陸早餐。果汁並非傳統的歐陸早餐內容，是額外的。很多人會在可頌麵包上塗
牛油和果醬，而不是沾一大杯巧克力或咖啡歐蕾食用。

是希望招攬各國客人，飯店就會提供歐陸早餐（內容多少會像法國酒吧準備的），和英式或英國、抑或美式早餐（多少依憑想像製作而成），運氣好的話還會有柳橙汁，以及或許能滿足各國味蕾的當地食材。例如在希臘的話，就是新鮮濃郁的優格和蜂蜜。替海上乘客和船員竭盡所能準備早餐同時，也要有徹底的體悟，要有心理準備，最後吃掉的東西可能不多：畢竟吃下肚的都會讓人反胃，而這些都要付出代價。在伊夫林‧沃（Evelyn Waugh）的《標籤》（*Labels*）中，史黛拉的早餐「除了通常出現在早餐裡的食物，還有分量紮實的匈牙利燉牛肉、牛排和洋蔥。」愛德華‧史賓塞‧摩特說，早餐供應的是他不想吃的肝臟、培根，還有「一大塊肥美肉排」；他只有「在比斯開灣沒完沒了、惱人煩膩的浪濤間，努力不讓自己從臥鋪床上摔落，一頭栽到地面。」芬妮‧卡德隆在回墨西哥的路上，發現船上的早餐供應「各式魚類、肉類、家禽、水果、醬汁和葡萄酒。」

　　幾乎全世界的飯店，就算不主打供應的午餐和晚餐，大家仍期待這些飯店提供早餐。即便如此，不列顛群島有個算特殊的名稱「床與早餐」（bed and breakfast；民宿，簡稱B&B），名稱說明了民宿（和部分飯店）提供房客的服務內容。可是換作法語，「Lit et petit déjeuner」卻不具備同樣含意，最接近的法文字是「chambres d'hôtes」，但怎麼看就是少了床和早餐這兩味。荷蘭語也試過以「logies en ontbijt」表達，可是詞不達意，到頭來還是直接套用英語。加拿大、紐西蘭、澳洲和美國處處可見「床與早餐」，可是有人斷言，在英國

民宿吃到的英國早餐，才是絕對無可匹敵。

　　我要用休‧克萊普騰（Hugh Clapperton）的個案，替早餐的地理調查做個結尾。他的《二訪非洲之心旅途紀實》（*Journal of Second Expedition into the interior of Africa*）早在芬妮‧卡德隆寫出回憶錄的十四年前發行。克萊普騰有天早上與闊拉河畔小國包薩的蘇丹共進早餐：

> 今早我和蘇丹在一起時，有人將他的早餐送進來，我則受邀與他一起享用。早餐包括一大隻帶皮河鼠、煮得十足軟爛的米飯、用棕櫚油燉煮過的乾魚、油炸或燉過的鱷魚蛋，還有新鮮的闊拉河水。我只吃了一些燉魚和飯，他們看我不吃老鼠和鱷魚蛋，覺得好笑。

　　一八五四年，美食作家約翰‧多蘭（John Doran）引述這頓西非早餐，完全沒有說明這段內文，便逕自補充：「王子表示敬意，提供一名外國平民公開共用早餐的機會，卻換來挑剔難取悅的賓客唾棄。」把故事變成一樁外交事件。其實這是一個很好的例子，早餐配菜（這本書沒記載河鼠）和餐客適應性的變化，幾乎多到不見盡頭。就好比一個現代觀光客，可以到飯店早餐室無法預估的吃到飽美食吧，拼裝出一盤美味餐點，克萊普騰也選擇不去面對某些食物，就算說不上完美，至少他也為自己選好差強人意的早餐。

一八八八年的油畫，亨利・土魯斯・羅特列克（Henri de Toulouse-Lautrec）的《宿醉》（*Gueule de Bois*）。

第四章
早餐的其他豐富面向

「喜歡早餐，就切勿問廚師太多問題。」我如此回答。

——奧利佛・溫道爾・霍姆斯（Oliver Wendell Holmes）

《早餐桌上的詩人》（*The Poet at the Breakfast-table*，一八七二年）

用餐時間

「早起的鳥兒有蟲吃」我們反覆聽到這句話（至少自一六〇五年起，偉大的歷史學家威廉・卡姆登〔William Camden〕寫下這句諺語後，便不絕於耳）。換成羅馬尼亞語，就是「vulpea care doarme nu prinde găini」——貪睡的狼沒母雞吃。這般良好建議甚至在早餐發明前就有了。

早睡早起，使人健康、富有而聰明。

我記得青春期時曾聽人這麼告誡。青春期時，什麼都比起床好，因此這句話很容易被扭轉意思，像是詹姆斯‧索柏（James Thurber）在《勞伯鳥和花栗鼠》（*The Shrike and the Chipmunks*）中就說：「早睡早起，使男人健康、富有而早死。」在一九八五年歐森‧史考特‧卡德（Orson Scott Card）的科幻小說《戰爭遊戲》（*Ender's Game*）中，謀臣梅澤‧瑞克漢（Mazer Rackham）鍾情的版本是「早睡早起，使人愚笨眼盲」。原始版的諺語在富蘭克林的年代就廣為人知，富蘭克林（Franklin）還在他著於一七三六年的《窮理查年鑑》（*Poor Richard's Almanack*）加入這句話，並在《致富之道》（*The Way to Wealth*）中老話重提。許多相信這句話再老都不超過富蘭克林年代的人，實在大錯特錯：富蘭克林如果不是坐在媽媽膝上聽來的，便是從約翰‧雷（John Ray）一六七〇年的《英文諺語》（*English Proverbs*）讀來的，或是約翰‧克拉克（John Clarke）一六三九年的《英文與拉丁諺語》（*Paroemiologia Anglo Latina*）看到，再不然就是輾轉從別處聽來。

　　活在這些作品不可穿透的陰影底下的，還有安東尼‧費茲賀伯特不怎麼押韻的翻譯，亦即第一章引述過的《資源管理之書》（*Book of Husbandry*），他從文法中學讀到拉丁金句。費茲賀伯特複述：「*Sanat, sanctificat et ditat surgere mane.*」，隨後補充英文散文版本：「意思是『早起能讓人身體健康、靈魂完整、財富富足。』」拉丁文的六步格已經完全說出後來的英語對句含意（只不過當時還沒有「早起」的概

念）。拉丁版本自然是這兩者當中較古老的版本，而這段文字是來自中世紀一套以詩詞寫出的健康規則《衛生手冊》（*Regimen santitatis Salernitanum*）。

　　要是真的聽話早起，多早能吃到早餐？答案是，在北國的冬季，日落跟日出之間僅有八小時的差距，你得在天亮前準備好早餐，這些也寫進費茲賀伯特給農夫和小佃農的指導手冊裡。「日出而作」他堅持「在天色轉明前終止禁食，於短暫的冬日完成工作。」十八世紀的西班牙旅行家曼紐·岡薩雷茲觀察到，夏天時，英國小孩會等到天亮才吃早餐，冬天則是在天亮前：他們「夏天時在早上六點半吃早餐，冬天是七點半以後」。季節造成的落差本身很有意思：依循夏天日出和冬天日出的時刻，在之間變化調整。很明顯地，這麼做是因為人們可以在天亮前起床、吃早飯、走熟悉路線通勤，可是（在現代發展出人造燈前）一般不能天黑就開始認真工作。

　　法朗索·拉柏雷正是引用這些季節性的限制和妥協，來描述他的臨時主角——粗俗的高康大（Gargantua）的晨間作息：「無論外頭天色是明是暗，他通常在上午八至九點間起床，這就是他老師傅的規定。師傅曾向高康大引述大衛的名句：Vanum est vobis ante lucem surgere。」沒錯，《大衛之詩》（*The Psalms of David*）確實說了「清晨早起，夜裡晚歇，必是枉然……」但詩篇作者繼續解釋他的意思：若無上帝的愛，一切努力都是枉然。拉柏雷很調皮，他明明知道自己在做什麼，卻故意拿聖經句子當一般常規，還小聰明地加上一句「無論外頭

天色是明是暗」，稱讚某人早起時，確實可能說這句話，但在法國，天通常九點前就亮了。

高康大醒來後，會先在床上翻來覆去一會兒，然後才去「大號、小號、吐痰、嘔氣、放屁、伸懶腰、吐口水、咳嗽、抽噎打嗝、打噴嚏、像副主教正經八百地擤鼻涕，然後克服晨露和惡劣空氣，吃起早餐。早餐是煎得美味的培根、好吃的烤肉、可口的火腿、令人食指大動的腰肉，以及許多早晨湯品。」最後的早晨湯品（soupes de prime），正是修道士和修女大清早的早餐，他們在結束清晨六點的禱告後，吃的不是沾了葡萄酒的麵包（這跟其他人相同），而是沾著清湯或煮汁的麵包。修道士只吃這些當早餐，可是顯然高康大喜歡多肉的早餐。

當時，早餐各別是起床後食用，夏天是剛天亮或天亮不久時吃，冬天是快天亮時吃。這就是古典羅馬時期，馬提雅爾的諷刺短詩所指。詩中有個朋友催促：

Surgite: iam vendit pueris ientacula pistor
Cristataeque sonant undique lucis aves.
太陽曬屁股，該起床了！麵包師傅已經要把早餐賣給奴隸，雲雀也宣布日光在我們身邊閃耀。

其他場景也指出，在地中海的緯度，即便人必須在天亮前起床，但不到太陽露臉他們是不會終止禁食的。這也隱約指向本書開場的

《奧德賽》場景。雖然無法證實這場景是口述傳統記載，但很可能暗指這是農場早餐的籠統描繪。尤茂斯已經派牧人帶豬去放牧，日出時他和客人也沒閒著，忙著準備牧人結束一大早工作回來後，大伙一塊兒吃的早餐。類似的時間表也可在《約翰福音》中一窺端倪。門徒徹夜工作，最後無功而返。天色漸亮，他們看見有個陌生人站在岸邊，早餐便即刻降臨。

回教徒對齋戒月的早餐時間特別重視。依據宗教慣例，在這段期間，只要天色是亮的就不得進食。所以建議在天亮前飽餐一頓，否則要等到日落之後才可進食下一餐。天亮前的早餐，符合英文字「早餐」的意義，叫作「封齋飯」（suhur，在某些國家是作sahri）。在準備晚間正餐時、落日後立刻先吃的這餐，叫早餐也很妥當，因為漫漫長日的齋戒才剛結束。天一黑就吃的晚餐稱作開齋飯（iftar）。循規蹈矩的回教徒整天都滿心期待這一刻，有人覺得在日落降臨前幾分鐘，坐著看眼前的開齋飯是一大享受。可是時機成熟了，開動也很重要。開齋飯的菜色中，最受歡迎的是棗子，穆罕默德早餐吃棗子，也指示其他人照做：

阿布·胡雷亞敘述道：「願和平降臨先知，他說：『只要信眾急切終止禁食，我們的宗教便會持續強大，因為猶太教徒和基督徒皆會延遲。』」……薩爾曼·伊本·阿米爾說：「願和平降臨先知，他說：『禁食時，應當先以棗子開齋；若沒有棗子，便以

水開齋，因為水本具淨化能量。』」阿納斯・伊本・馬利克說：「阿拉的門徒，願和平降臨他身，他曾在禱告前以新鮮棗子開齋；若沒有新鮮棗子，使用幾顆乾燥棗子，若沒有乾燥棗子，便取幾口水行之。」

有時，必須早起工作和閒暇自得的人，這兩者之間早餐時段的落差，可以從小說看得出來。瑪莉亞・埃奇沃斯（Maria Edgeworth）的《缺席者》（*The Absentee*）中，描述格羅夫納廣場矯揉造作的那場上流早餐，就經過聰穎設計，刻意傳達出這個要點：

> 她剛從早餐桌起身，特倫斯・歐菲爵士正好走進，他不理克隆布羅尼夫人拋來的嫌惡眼神，逕自找個位子就座，他對可蘭柏勳爵的敬意已消耗殆盡。
>
> 「我累了。」他說：「我有累的權利，今早為這家貴族忙碌奔波的路，可不僅是小小一段而已。在我繼續說下去前，紐珍小姐，能否麻煩妳先倒杯喳給我。」

開心喝著茶的特倫斯爵士（埃奇沃斯深諳口音：*喳*〔ta〕在倫敦可能退時了，但在愛爾蘭人間很普遍），娓娓道來自己在倫敦馬拉松式的奔波，先是到「拄杖僧侶修道院會見小律師……即使特倫斯爵士臨時來訪，又巧碰他在吃早餐，但律師仍保持教養。畢竟英國人不

喜歡早餐被人打擾」；接著他又提及他找到第一輛馬車，前往長畝街，來到放貸人的辦公室，談判成功後，又馬不停蹄前往格羅夫納廣場，抵達時，熱茶還有餘溫。就像阿諾·帕爾莫在《流動的宴席》中觀察，拄杖僧侶修道院的小律師吃早餐的時間，比克隆布羅尼一家早了一個半小時。二十世紀的澳洲也存在同樣的差異，亨利·漢德·理查森在《歸途》中略有著墨：

> 迪文太太身穿一襲厚重的變形蟲圖樣晨袍，睡帽繫帶還綁在下巴上，她很早就醒了：八點鐘，趁老公出城前，她為天亮就起床捻花弄草的老公準備早餐。在過去，這時他會忙著販賣市場貨品。不過若你是精英出身，貨真價實的時髦人，上午沒過一半是不會起床的。

> 無論她的客人多麼沮喪，都不能在十點前開動吃早餐。

無論早餐何時開動，至少每天都得是同一時間。突然改變時間引起的不適，在金斯利·艾米斯的《幸運的吉姆》可見一斑：

> 他不喜歡早餐這麼早吃。柯特勒小姐的玉米片、蒼白的煎蛋，或是鮮紅的培根……似乎還是要等到九點，他習慣的早餐時間，才比較好下嚥，八點十五分，彷彿有個東西正在從他體內召喚出酗酒後的殘餘頭痛、拉扯出每一寸過往遺留的嘔吐感受。

A1047 Late for Breakfast
Copyrighted by William H. Rau

一九〇一年左右，攝影師威廉‧赫曼‧勞（William Herman Rau）的作品《遲到早餐》（*Late for Breakfast*）。

　　旅程開始一會兒後，就到了休息時間，一般早餐大約在清晨到早上之間，若是胃部空間多，早餐內容就更有飽足感。好比海布里底的早餐「都是一大清早享用」，以下這段記錄在詹姆斯‧包斯威

（James Boswell）的「年輕覬覦王位者的叛逃故事」（Account of the Escape of the Young Pretender）中。一七四六年，在詹姆士黨人叛變失利後，查爾斯‧愛德華‧斯圖亞特（Charles Edward Stuart）王子逃跑，前去法國終生自我放逐。王子的嚮導是馬爾康‧麥雷奧（Malcolm McLeod），

一八三四年的油畫，愛德溫‧亨利‧蘭西爾爵士（Sir Edwin Henry Landseer）的《高地早餐》（*A Highland Breakfast*）。

王子則假扮成他的奴僕「路易・考」（Lew's Caw）。經過一夜馬不停蹄的趕路，他們抵達麥雷奧妹妹位在拉瑟島的家，短暫借住。這座小島位居天空島和主陸地海岸之間。

她在哥哥面前放下一盤豐盛的高地早餐，查理王子稱職扮演奴僕，脫帽，並且保持敬重距離坐著。

然後馬爾康對他說：「考先生，你跟我一樣需要吃東西，這餐夠我們兩人吃，我看你還是靠過來點，跟我一起用吧。」聞言，王子起身，深深一鞠躬，然後又在桌前坐下，和他的假主子大快朵頤。

有人好奇，這一七四六年的高地早餐，是否就如山謬・約翰生先前誇耀的，也像一個世代後包斯威描述地沾沾自喜的那樣，還是其實內容不只有麵包和橘子醬，還有肉？

阿普流斯故事中的旅人也是上午過了一陣子，走了好幾哩路後，才停下來從背包裡取出麵包吃，「我的膝蓋顫抖，腳步踉蹌。」敘述者的同伴這麼說，後來他早餐都還沒吃完、體力也還沒復甦，人就死了。在薄伽丘的故事中，法國菲利普國王也是上午稍晚，搭車抵達孟菲拉侯爵夫人的城堡後，才得以坐下好好享用早餐。奧利維爾經過長途跋涉，才在薩拉戈薩城牆前吃到罕見的冷鵝烤肉早餐。

有的人即使不在外旅行，也習慣很晚才吃早餐。虛擬故事中的

高康大碰到來自同鄉的勁敵——外交官塔列朗，事實上對方晚吃早餐的紀錄甚至超越他。根據先前引述，塔列朗早上十一點左右起床，「約半小時後，才做了份輕食早餐」，與年邁政治家荷蘭勳爵邀約年輕政治家湯瑪斯·巴賓頓·麥考萊的倫敦早餐差不多晚。很有卓越歷史學家資質的麥考萊，用情有可原的驕傲語氣，在寫給妹妹的家書中描述這頓早餐，還一時興起寫了劇詩：

第一景，荷蘭宅邸大門前，麥考萊和兩名服侍的門房。

第一位門房：先生，可否請問您尊姓大名？

麥考萊：在下是國會議員，麥考萊。有鑑於此，即便是如此氣派華麗的大廳，可否給來者一些尊重？

第二位門房：請問您是來與勳爵早餐的嗎？

麥考萊：正是，我受他和舉世無雙的夫人盛情邀約而來。

第一位門房：請上樓，您會看見雪白餐巾上，已備好豐盛餐點。

麥考萊離開上樓。——用英語直述，我這天早晨到荷蘭宅邸早餐。天氣不錯，我在十點二十分抵達，在餐廳悠晃一會兒，聽見一個好脾氣的粗啞嗓音問：「麥考萊先生在哪？你請他去哪裡了？」接著就看見坐在扶手椅上的荷蘭勳爵被推了進來。

早餐（菜色已列於第二章）不可能在十一點前開動，因為在這之

前，麥考萊被帶去參觀公寓和畫作，後來才回到餐廳。

芬妮・柏妮（Fanny Burney）的書信體小說在這五十年前出版，女主角伊美琳娜早餐的時間也很晚，可是她至少有個事先散步的理由：

> 「老天！安韋爾小姐，妳一直都獨自在外頭嗎？早餐已備好一
> 會兒了，我在花園附近到處找妳。」
> 「您真是太客氣了。」我說，「不過我希望您們沒耽擱到。」
> 「沒耽擱！」他笑了：「妳以為我們知道妳跑走了，還能安然坐
> 下來吃早餐嗎？」

她轉而打發不請自來的訪客，答道：「明天您可能又得再找一次了，我敢說我早餐前還會再去散步。」早餐肯定很晚開動，這指出伊凡麗娜和這名訪客雙方的錯。可是再怎麼晚，都沒有同部小說前面一封信形容的倫敦早餐來得晚：「杜瓦女士早上十分晚才起床，我們到一點才吃到早餐。」

《曼斯菲爾德莊園》裡，珍・奧斯汀鉅細靡遺記錄芬妮與哥哥威廉淚眼婆娑的離別場面。這個插曲從他離開前打算何時早餐，還有芬妮是否跟他一起吃開始：

> 「好了，芬妮，明天我出發前妳可千萬別起來。儘量睡，別管

我了。」

「威廉，那怎麼行！」

「嗄？她想在你出發前起床嗎？」

「是！先生，沒錯。」芬妮嚷嚷，急切地從椅上站起來，更靠近叔叔，「我得早起跟他一起早餐。你也知道這是最後一次了，這是我們離別前最後一頓早晨。」

「妳最好別這樣，他要早起吃早餐，九點半就得出發了。克勞富先生，我看你九點半就要來接他了吧？」

可是芬妮陷入慌亂，熱淚盈眶，最後才化為一句優雅的「好吧，好吧！」算是應許。

「沒錯，九點半。」克勞富離開前對威廉說，「我會準時抵達，因為我可沒貼心的妹妹會為我早起……。」

早餐的數量

經過隔天早上傷離別的早餐（第五章還有引述），令人好奇的是，珍·奧斯汀又說「第二頓早餐」的時間是半小時後。她的意思當然不可能是說，芬妮會無感貪心吃下第二頓早餐（不過其他睡懶覺的家人起床，很晚才吃這唯一一頓早餐時，她可能尚可喝下第二杯茶）。我想，珍·奧斯汀是史上第一個用「第二頓早餐」（second breafast）這個詞彙的英國作家。這個潮流是由她首創。

從托爾金（J. R. R. Tolkien）時代起茁壯紮根的傳統「兩頓早餐」，是《魔戒》（*The Fellowship of the Rings*）的粉絲早就司空見慣，知道哈比人熱愛吃兩頓早餐（先不說人類一族是否也是）。在《魔戒前傳：哈比人歷險記》（*The Hobbit*）中，比爾博‧巴金斯吃完「可口小早餐」平復情緒不久後，甘道夫來訪，他又「坐在餐廳享用第二頓小早餐」。

　　第二頓早餐有什麼，我們永遠無從得知。從緊接在《魔戒前傳：哈比人歷險記》後出版的《魔戒首部曲：魔戒現身》（*The Lord of the Rings: The Fellowship of the Ring*）作者序，我們得知哈比人「經常大快朵頤，飲酒作樂，性喜嬉鬧，一天六餐（若可以能吃到六餐）」。彼得‧傑克森（Peter Jackson）拍攝《魔戒首部曲：魔戒現身》電影版時捉住這個暗示，一句幾乎隨口說說的原始台詞──「我們得立刻離開！」（在布里的客棧遭戒靈夜襲後，亞拉岡提議道）、「別管早餐了：站著隨便扒幾口了事！」卻在電影劇本中遭導演大肆發揮改寫：

　　亞拉岡：各位，天黑前別停下腳步。

　　皮聘：那早餐呢？

　　亞拉岡：你不是剛吃嗎？

　　皮聘：我們是吃了一頓，那第二頓早餐怎麼辦？

　　梅利：皮聘，我想他不知道還有第二頓早餐。

　　皮聘：十一點餐呢？午餐？下午茶？晚餐？宵夜？這些他總知道吧？

梅利：我可不敢說。

　　哈比人並不完全是人類的翻版，可是哈比人對第二頓早餐的熱愛，卻和某些托爾金知道的人很像。托爾金本身是日耳曼語言學家，湯瑪斯·曼（Thomas Mann）的小說《魔山》（*The Magic Mountain*）中，角色設定是第一次世界大戰開打前十年的德國人，當代明顯有第二頓早餐。現代德國的常用字是zwischenmahlzeit（餐間餐），此外也有不同區域名稱。在奧地利，通常叫作Jause。會享用慕尼黑典型第二頓早餐的人，吃的是當地特產，也就是一早就準備好的一種白香腸（weisswurst），稍晚再搭配椒鹽卷餅、芥末和小麥啤酒食用。

　　英國人也吃「十一點餐」（elevense）。前面提到《魔戒現身》電影裡皮聘說的那句話，在十一點餐和第二頓早餐之間畫出一條分隔線。很明顯地，托爾金說的一天六餐，經過改寫變成了彼得·傑克森的一日七餐。這點《魔戒》粉絲注意到了，目前七餐的說法已被採納，成為正規版本。至於英國的十一點餐，學童則是喝半品脫牛奶，但人人皆知，這餐後來被柴契爾夫人廢除了。十一點餐也被拿來和奧地利的Jause、德國的餐間餐，以及義大利小朋友中午前吃的零食「panino」做比較。

　　以上是第二頓早餐比第一頓輕食的例子。若早餐有兩頓，而第一頓較簡單也算得上普遍。就我們所知，前述早餐吃得晚的旅人，出發前可能先用過「晨間淡啤酒」（morning draught）或「清洗口

一八八二年的油畫，古斯塔夫・溫佐（Gustav Wentzel）的《早餐》（*Frokost*）。

腔」。這就是阿特納奧斯在第一章清楚區別古希臘時期的兩餐，一是希臘人大清早的輕食akratisma，二是之後更飽實、接近午餐時間的ariston。另外又加上一小段喜劇對話，加強論點：「廚師在準備ariston。」「跟我去吃akratisma如何？」情境究竟如何我們並不清楚，也可能只是開貪吃不節制的玩笑話：也許正常健康的古希臘人一天

內不會兩餐都吃。

在英屬印度，這頓一大早的輕盈早餐，就是「小早餐」（chotī hāzirī），或「早茶」（early tea）；葡萄牙工人展開工作前，這就是他們偶爾會吃的「matar-o-bicho」，意思是「殺蟲」；這也是山謬·約翰生記錄蘇格蘭人一早飲用的威士忌，以及根據喬治·博羅的觀察，西班牙漁夫會喝的「晨間淡啤酒」，接著在早上過一半後才吃大早餐（almuerzo）。

巴伐利亞式白腸，佐甜芥末和椒鹽卷餅。同一天早上準備（因為香腸無法貯存過夜）的這道白腸料理，是巴伐利亞地區典型的第二頓早餐。

墨西哥農夫也會在黎明時分吃一點麵包和一杯熱飲，上午十點才會吃芬妮・卡德隆形容的豐盛早餐（desayuno）。美國農夫會先吃「第一份小早餐」，例如土司和咖啡，等到首輪工作結束後，再吃第二頓紮實的早餐。現代英國人在起床從事枯燥的日常工作前，不也喜歡先在床上享受一杯茶嗎？

接著我要以早午餐（brunch）來結束第二頓早餐的故事。早午餐直接否定了第二頓早餐的概念，人們在這頓遲來的早餐之前什麼都不會吃。早午餐的歷史可追溯至英國「沒規沒矩的一八九〇年代」。經過周六一夜狂歡，一些人發現周日早起不易，解決方案就是在周日正午前的早上，僅吃營養的一餐，而這餐正好又能結合早餐和午餐特性。早午餐的概念和名詞，首次在一八九五年短命的《獵人周報》（*Hunter's Weekly*）解釋與使用，蓋・畢林傑（Guy Beringer）寫道：

> 何不嘗試一種近正午的新用餐方式，先以茶或咖啡、橘子醬和其他早餐餐點開始，再慢慢吃更飽實的食物？省去周日早起的需要，早午餐讓周六夜狂歡的人日子更輕鬆愜意。

一八九六年八月號的《Punch》諷刺漫畫雜誌，恰到好處誇獎畢林傑這項偉大發明：「為了迎頭趕上流行腳步，我們現在得吃『早午餐』。這個合併詞用得真是太好了。」《Punch》匿名作者的文章有一大特色：這是蛋頭先生（Humpty Dumpty）文章使用的合併詞裡，第一

個不是路易斯‧卡羅（Lewis Carroll）所創的。短短不到十年，早午餐的構想和名號已經跨越大西洋飄洋過海，並且受到熱烈歡迎，更被人認定是一項美國發明。

早餐世界的愛情

我們已經知道，Surgere mane是「早起」的意思，也知道這是崇高的規誡，可是並非人人辦得到。中世紀詩人威爾頓的瑟洛（Serlo of Wilton），是個缺乏幽默感的修道士，他把這條規誡穿插加入他朗朗上口的詩詞，並利用拉丁文拼法相同的字，暗示一個不遵守規誡的好理由：Care dico mane, cum debeo surgere mane，意思是「我必須早起，但我說『別離開我，我的愛。』」賽羅（Serlo）或許記得古典詩人奧維德（Ovid）在同名詩集《戀歌集》（ The Amores）中，也對此主題如此評論過（該修道士和其他讀者一樣愛讀奧維德的情詩）：

Omnia perpeterer-sad surgere mane puellas

Quis, nisi cui non est ulla puella, ferat?

其他我都可以諒解——可是，要女孩早起？

除了沒有女友的人，誰會做這種事？

以上引述是一種提醒，提醒令人享受的早餐擁有一個美好食譜，

一八九六年的水彩畫，卡爾‧拉森（Carl Larsson）的《碩大白楊樹下的早餐》
（ *Frukost under stora björken* ）。這幅畫是拉森在一八九九年出版的《家庭生活回憶錄》
（ *Ett hem* ）裡的插畫。

那就是「與愛人共享」。拜倫（Byron）在《唐璜》（ *Don Juan* ）第二章，
當然就有想到，他也想到很久以前特倫斯引用過的智慧諺語：「沒
了席瑞絲＊和巴克斯，維納斯便無用武之地（Sine Cerere et Libero friget

＊　席瑞絲是希臘神話的穀物女神，巴克斯則是酒神，維納斯是愛神。

Venus）。」或更實際的說法是：「要是少了食物和飲料，愛終將會冷卻」。「我們從席瑞絲和巴克斯身上學到寶貴一課，沒有他們，維納斯就無法打動我們。」拜倫以旁觀者身分下此定論，接著才進入他的故事：

唐璜起床時，發現有人準備了好東西；

洗澡水、早餐和美妙的眼眸，

令年輕的心臟狂跳不已……唐璜在海水沐浴後，

必會回來找海狄喝咖啡。

遭逢船難的唐璜和救命恩人海狄這時恐怕尚未發展成戀人，可是一看就知道，距離這天已經不遠。在這情況下，一大清早吃早餐就可以接受，畢竟對唐璜來說，「在黎明破曉時抵達堪稱過早，他是一個這麼喜歡睡覺的人」。D. H. 勞倫斯（D. H. Lawrence）的《查泰萊夫人的情人》（*Lady Chatterley's Lover*）中，康妮和她的愛人——獵場看守人梅勒斯，清晨六點半就吃早餐了。會這麼早是因為她八點就要到巷尾，時間向來如此急迫！「我應該做早餐帶上來，對嗎？」梅勒斯說。之後——

她聽到他在生火、加水、走出後門，然後逐漸聞到飄來的培根香。過了一會兒，他端著一個斗大的黑色托盤上樓，食材可

能才剛新鮮進門，接著他便把托盤擱床上，倒茶。康妮穿著衣衫襤褸的睡袍，蹲著，狼吞虎嚥地吃了起來。

　　但講到所羅門王，其他故事主角的親密早餐全都相形失色。畢竟他可擁有七百位妻妾，雖然早晨的這一餐並未記錄在《列王記》（ *The Book of Kings* ），卻和其他聖經細節一樣，曾經被求知慾旺盛的人設計成問題，在中世紀的注釋以希伯來文認真討論。

　　他們注意到「所羅門王一天的糧食量是三十份細麵粉、六十份餐……以及一百頭羊。」倘若解釋能讓這種行徑聽來不那麼鋪張浪費，那解釋就有其必要，而猶大拉比（Rabbi Judah）的解釋，恰到好處說明了一切。這是因為他每一位妻妾「都希望能和他一起用餐，所以每一天人人都會準備早餐。」

　　早餐若不跟心愛人共享，會讓人想起身邊少了一個人。這就是普克勒・穆斯考公爵的情況，他捎了封信給老婆，描述他在愛爾蘭吃到的早餐，更繼續道：「我們何時可再相會？我們何時能在那三棵萊姆樹下共進早餐？看著沒有防備的天鵝在我們掌心啄食，望著溫馴的鴿子拾走腳邊碎屑。」他以更為感官的方式，寫下稍早在朗高倫客棧吃的早餐，最末洩漏心情般寫道：「Je dévore déjà un oeuf—Adieu（我已經狼吞虎嚥下一顆蛋——再會）。」這裡就算吃了蛋，思鄉之情依舊徒留他飢腸轆轆；無論如何他已決定，今天短程旅途後要答應邀約，上午和朗高倫的兩名女同性戀——艾莉諾・巴特勒和莎拉・

彭森比，共進第二頓早餐。

在早餐室用的正式早餐，即使沒有耳鬢廝磨的機會，也提供調情的大好時機。瑪莉亞·埃奇沃斯的《缺席者》中，葛蕾絲·紐珍就逮住這機會，站在年輕的可蘭柏這邊支持他。他前一晚消失無蹤，淪為父母挖苦挪揄的笑柄：

> 「早安，可蘭柏勳爵。」他一走進來，母親便以責備的口吻說，「昨晚多謝有你陪伴。」
>
> 「謝謝，母親，感謝您惦記著我。」他說，對母親說明自己的狀況；「我只離家半小時，陪父親到聖詹姆士街去了……。」
>
> 「我就怕妳吃醋他陪我的這半個小時。」克隆布羅尼勳爵說，「但我不得不說，雖然他人在我身邊，心思卻不在我身上，他的心完全留在家陪夫人妳們了……因為他全程只對我說了兩個字……。」
>
> 「可蘭柏勳爵本來也有機會享受愉快早餐呢。」紐珍小姐微笑著說：「偏偏大家都對你火力全開。」
>
> 「我就沒聽妳責怪他，葛蕾絲。」克隆布羅尼勳爵說：「我想這就是他聰明選坐在妳身旁的理由吧。」

可以拿來比擬的早餐場景，就是金斯利《幸運的吉姆》裡的一景，不過主人翁發現早餐室空無一人，僅有一位「來自卡拉漢的女孩，她

以煎炒料理的現代英式大早餐；傳統的英式早餐不包含甜豆，但是如果很餓，當然不只這些，先前還會有一碗麥片或粥，然後是土司配牛油和橘子醬，糖與奶茶。

坐在一個堆滿食物的盤子前⋯⋯整個室內僅看得到一大盆醬汁⋯⋯旁邊堆放著逐漸變少的炒蛋、培根和番茄。就算他此時此刻瞅著她，她仍舊從瓶子倒出一坨鮮紅色濃汁，補充醬汁。」宿醉使他食慾大不如她。

「噢，看來我得跳過這餐，時間不夠了。」

「我要是你就不會跳過，他們午餐可沒什麼好料。」

「等等。」他折回餐具櫃,拾起濕潤滑順的炒蛋,整個塞進嘴裡用力嚼,又折起一塊培根,塞進齒列間,然後示意他準備好出發了。噁心嘔吐的恐懼感襲來,糾纏著他的消化系統。

「一坨鮮紅色濃汁」指的就是番茄醬,這是現代餐桌上,不可或缺的大早餐調味料。但說到最成功的早餐桌調情,就屬奧利佛‧溫道爾‧霍姆斯第一段早餐對話裡,獨裁者說的話(還是最有格調的說法)。獨裁者知道自己想要什麼,也有勢在必得的意圖:

"A young fellow answering to the name of John"

「聽見人喊出約翰而回應的年輕人」,摘自奧利佛‧溫道爾‧霍姆斯(Oliver Wendell Holmes,一八五八年)的《早餐桌上的獨裁者》(*The Autocrat of the Breakfast-table*)。

女老師頭髮上戴著一朵玫瑰進來，那是朵六月玫瑰。她很早就外出散步，另外還帶回兩朵玫瑰，各別停在她的雙頰。

我用想到適切的美麗詞藻這麼告訴她了，乍然間，我方才提到的那兩朵嫣紅玫瑰，瞬間綻放成兩朵大馬士革玫瑰。

「早餐後妳願意陪我一起散步，欣賞榆樹嗎？」我對女老師說。

我不打算說謊說她臉紅了，還是住宿生時，女孩遇到別人獻殷勤時，都會出現這種反應，她現在也應該有才是。可是相反地，她的臉色略顯蒼白，接著整張臉才發亮閃著微笑，她開心地回答我：「好。」只不過，她還得走去學校……。

「這是最短的捷徑。」我們走到一處彎角時她說。「那我們不走這條。」我說。女老師輕輕一笑，說她早了十分鐘，還有時間散步。

早餐的健康層面

健康考量（或說個人衛生考量）是關於早餐最古老的辯論，從古埃及人賜予早餐的名稱就可見一斑——「清洗口腔」。有些人認為，古典羅馬時期的早餐（拉丁文的ientaculum）至少具有兩種健康目的，馬提雅爾的諷刺詩就很清晰明瞭：

Ne gravis hesterno fragres, Fescennia, vino, Pastillos Cosmi luxuriosa voras.Ista linunt dentes iantacula, sed nihil obstant, Extremo ructus cum redit a barathro.

為了去除昨日酒氣，費斯西尼亞，
妳吞下宇宙昂貴的糖。
對的，這種早餐可潔淨牙齒，
但幽黑暗谷深處噎出的氣泡不好。

大家普遍認為，馬提雅爾會在不那麼受歡迎的諷刺詩裡變換名稱，這首詩也是其中之一，不過諷刺依舊一針見血。許多早期文獻指出，清洗口腔和去除口氣是早餐的目的之一，如果早餐有兩頓，這必定就是第一頓輕早餐的目的。文獻其中之一，就是前述的《衛生手冊》（*Regimen sanitatis Salernitanum*）。曾有錯誤謠傳說，這套中世紀健康與飲食規則詩，乃由博學多聞的阿諾・德・維拉諾瓦（Arnold of Villanova）在沙蕾諾的醫學院編輯而成，本來是要贈予一位英國國王（根據法國手稿所言），或是法國國王（此為英國手稿說法）的。這本規則包括針對飲食的指導，包括食用輕早餐的建議，如「沾取葡萄酒的麵包」他們也替這健康的一餐取了中世紀的拉丁名：

Vippa具雙重功效：既能清潔牙齒，使目光炯炯，填滿空洞肚

子，清理飽足腸胃……清除消化系統，甚至治療口臭，讓腦袋更清晰。

　　《衛生手冊》編著不久，薄伽丘便說了杰利・史比尼和西斯堤的故事。麵包和葡萄酒就是麵包師傅的早餐，他在吃飯時還刻意誇張地清了喉嚨。在《唐吉訶德》故事中，桑丘從糧食袋撈出糧食，給主子和自己準備早餐，「清洗口腔」。

　　不說清洗口腔，健康也是完全不吃早餐的理由。我引用了古典希臘作家希波克拉底的《古代醫學》文章，內容提到，「一天吃一餐的作法，很適合某些身強體壯的人，他們也用來當作自己的規則」。並補充「對多數人而言，採用哪個規則並不重要，一天吃一餐也好，另外吃午餐也罷」。從這提到古代健康生活方式的段落來看，早餐明顯又缺席了。關於古代飲食的文章流傳良久，卻與十七世紀英格蘭的漢弗萊・布魯克（Humphrey Brooke）手冊天差地遠。布魯克在書中建議讀者別吃早餐：「前一天的晚餐和消耗的熱量……吸收消化會使四肢沉重，有氣無力。擺脫懶散早晨的解決之道，就是節制飲食，不吃東西。」

　　十九世紀末，賓州一位營養師愛德華・杜威（Edward Hooker Dewey），在《無早餐計畫與節食治療》（*The No Breakfast Plan and the Fasting-cure*）一書中，更振振有辭提出類似建議。杜威離題的文章給讀者一種強烈感覺，似乎他不過是跟保羅・皮爾斯提倡的早餐習慣

作對（第二章有引述，內容摘自《早餐與茶》〔 *Breakfasts and Teas* 〕）。他用以下自白替萬般折磨人的章節「作者消化不良的個人經驗——無早餐初體驗」開場：「我家早餐有個特色，要是沒有火腿、香腸、蛋、牛排或肉排，便不值得一吃。」有天，杜威吃了頓分外費勁的早餐，感覺身體負擔沉重。接著他和一個老朋友見面，朋友跟他提及歐洲美食，也就是「他踏遍歐洲各大中心，當地慣例食用的輕盈早餐，有麵包卷和一杯咖啡。」杜威如法炮製，「意想不到的是，我整個上午感到通體舒暢、神清氣爽，身心能量回到長大前那種無論吃多少餐飯、餐點多大份，肚子都不鬧彆扭的幸福無憂。」我想他的意思應該是說，麵包卷和咖啡讓他覺得年輕快活。他開始指定這種飲食（甚至更少量）給醫院病人，沒人因採用這種習慣而惡化病逝，「無早餐計畫」不久便揚名整座城市。這裡的城市指的是賓州的梅韋爾。

杜威的醫生同事不認同這作法，不過他的方法確實有效：「壯年初期的男人在達到一定狀態後，便習慣拒吃早餐」。其他醫生仍困惑不已時，杜威已經理解到，這是因為「要是胃裡沒有早餐，就沒人嘔吐了」。病人採納他的意見，之後觀察「我向他說明完畢後，他幾乎馬上便好轉」。杜威的規則最後進化到這程度，也讓人無法找碴：

> 消化不良是由配菜和味道給人的感覺所引起，不是飢餓感本身造成的問題。像派餅、蛋糕、布丁等甜食，只是在飢餓感被滿足後當配菜享用的餐點。受到超出平淡食物的驅使，這反而

變成一種浪費的要求。除了節儉飲用的餐食外，多吃都是一種罪過。在飢餓感自然消失前，狼吞虎嚥是一種靠難以消化的堅硬食物來快速果腹的解決方法，可是這種作法並不完美，算是另一種對胃和大腦造成嚴重後果的罪孽。

我在此長篇幅引用杜威消化不良的段落，是因為二十一世紀有很多人也採用杜威所說的「無早餐飲食法」，可是他們的理由並沒有較有連貫性。

出於宗教因素，早餐至少是不僅有麵包和水的早餐，可能被降低到最小分量。詹姆斯·包斯威在他的《約翰生傳》中，二度提到約翰生在復活節遵循的「教條」。一七七八年，他調皮地觀察到，「雖然茶裡不加奶是飲食最節制的作法，也屬於教條一部分，可是德斯茂林太太不經意把奶倒入茶時，他卻選擇悶不吭聲」。一七八三年的耶穌受難日，「我早餐時看見他，那天他一如往常，喝著不加奶的茶，吃十字麵包以防自己昏厥過去。」這倒讓人想起熱十字麵包發明的原由。十九世紀，法蘭西斯·卡德隆·巴爾卡太太到墨西哥旅遊時記錄，她和老公在塔庫巴修道院的早餐是湖水魚、蛋、奶粥、咖啡和水果，而修道士本身碰也沒碰早餐。

撇開不說大人是否吃分量紮實的早餐，或完全不吃，也不說他們是否以健康為出發點，考量該不該吃早餐，他們對小孩應該吃的早餐倒是挺有意見。一七三〇年的情況就是如此，曼紐·岡薩雷茲

在英格蘭時記錄:「小孩用餐習慣如下 —— 每天早餐都吃麵包和啤酒」。可是沒多久,啤酒就從小孩的早餐名單中消失。在《湯姆布朗求學記》(*Tom Brown's Schooldays*)中,上學途中有位服務生問湯姆:「先生,請問要茶還是咖啡?」湯姆很熟悉這兩者,也立刻知道自己要選什麼(「他喜歡咖啡,不喜歡茶」)。

在關·拉維拉(Gwen Raverat)的《古器》(*Period Piece*)裡,她回憶二十世紀初在劍橋度過的童年(她是達爾文〔Charles Darwin〕的孫女)。回憶錄第三章標題為「理論」,直指理論在她成長背景占的一席之地。而此理論又尤其母親的影響決定了早餐要素:

> 我們的飲食應該是毫不必要的一絲不苟吧?早餐吃粥,而且是鹹粥,不是甜的;除此之外要喝牛奶。粥一直讓我想起和父親單獨的早餐時光。我還很小的時候,會以手指把粥挖進湯匙裡,然後他用法文對我說故事……。早餐還有土司和牛油,味道最濃烈的早餐餐點就是這樣,直到我快十歲時,到法蘭西絲家過夜,人生才初次嘗到培根滋味。

對來自這個劍橋學術世家的孩子來說,各種甜食都不能碰:「家裡認為糖不健康。而水果呢,雖然美味,卻很危險。」「果醬可能讓我們品格軟弱。」她總會用大寫字母強調它象徵的意義重大:

亞柏特・安卡（Albert Anker）一八七九年的作品，《孩子的早餐》（*Kinderfrühstück*）。
安卡是以風俗水彩畫遠近馳名的瑞士藝術家。

我們在早餐結束前，一周有兩次會吃一片土司，塗一層薄薄、危險又昂貴的果醬，不過當然，餐桌上不會有牛油。牛油和果醬塗在同一片麵包是前所未見的耽溺享受，是一種可恥的放縱。奇怪的是，直到今天我們也沒人喜歡這麼吃。

飲用早餐的指導

　　很多人和關・拉維拉的父母一樣，被以健康為前提選擇特定早餐食物的想法深深吸引，回想雷尼埃在大力吹捧那位聖日耳曼鎮區，從化學家轉換跑道的巧克力師傅時也說：「以波斯蘭莖粉製成的巧克力，輕盈營養，能強化體力」。「讀到這本年鑑的女士。」他繼續無恥吹噓：「會感謝我們分享這個雙重寶貴的祕密：如何重拾健康、重返美麗，同時又能享受美好巧克力早餐」。蘭莖粉是取蘭花的根莖磨粉製成，過去說具有催情作用。現在還有人會食用這種粉末，把它當作取代咖啡的刺激性飲品，土耳其人會在冬天一早喝。現在，法國和英格蘭已經淡忘蘭莖粉，不過比林斯蓋茲的羅德威咖啡館（第一章引述亨利・梅休一八五一年說的內容），是「窗明几淨、出類拔萃的咖啡廳，我聽說，主人原是一個擺黃樟皮熱飲攤販起家的男人」。換句話說，羅德威曾在倫敦街頭販賣這刺激濃烈的飲品。

　　第二章又引述了雷尼埃在他的早餐史中，描述早期的法式早餐

是如何在當代搖身一變，成為現代的法式午餐。我避免引述他歸納成「無足輕重」餐點的豐盛菜餚，但即便早餐菜色如此鋪張，雷尼埃依然掀起一股潮流。十九世紀時，認真看待自己閱讀的飲食書籍的法國和英格蘭人，在受到鼓吹之下，於自家準備起豐盛早餐，其中又以一八六一年出版的《家居管理手冊》最為人稱道。平心而論，伊莎貝拉·比頓在初版中，對「早餐這頓舒服餐食」提出建議，認為內容要精簡而節制，還要我們原諒她那雷尼埃式的矯情，嘴上先說不這麼做，後來又忍不住列出一大串宴席清單：

2144.這裡沒必要供應一長串冷烤肉等食品的清單。冷烤肉應該放在餐具櫃，在早餐桌上享用。必須說的是，任何放在食物貯藏室的冷肉，都必須好好調理，再放上餐具架。羽衣甘藍和罐頭肉或魚、冷野味或家禽、小牛肉和火腿派、野味和牛腿肉派，以上都適合出現在早餐桌上。冷火腿、舌頭等亦然。

2145.下列熱食或許能幫助讀者理解，要怎麼準備早餐這頓能為身心帶來舒暢的餐食。鯖魚、牙鱈、鯡魚、黑線鱈魚乾等炙烤魚肉；羊排和後腿牛排、火烤羊腰、香腸、培根肉片、培根和水波蛋、火腿和水波蛋、歐姆蛋、水煮蛋、荷包蛋、水波蛋土司、馬芬糕、土司、橘子醬、牛油等。

2146.夏天若能採到花，記得在早餐桌上放一只新鮮採擷的花瓶。方便的話，再加上一碟擺盤精美的水果；草莓當季食用特別新鮮，還有葡萄，甚至醋栗。

這本書自成一格，在接下來一百年持續更新版本，比頓太太的建言以每十年一個循環，也逐漸變得更細膩、精緻，不斷加入適合大小團體、家庭和（編輯眼中最大極限）勤儉家庭的大早餐菜色。除此之外，還有其他生活家居書籍。與比頓太太的著作初版幾乎同期上市的，還有幾本首見主要探討早餐的書，作者全有志一同誇耀自己設計的早餐是以經濟性為目標，實際上還是鼓吹讀者享用更大份、多樣化，又精緻昂貴的早餐。這些書當然還是有人買——M. L. 艾倫（M. L. Allen）的《這三個月請跟我這樣做早餐》（*Breakfast Dishes for Every Morning of Three Months*），是該文類早期的經典著作，自一八八四年到一九一五年，總共發行二十四版。一八六五年的《早餐書》（*The Breakfast Book*）也是該文類的先驅，書中細數四種早餐：「家庭早餐」、「刀叉午餐」、「冷盤小吃」和排在最高位的：

冷餐（ambigu）……類似晚餐，差別在冷餐是所有菜色一口氣上桌……我們每日吃的早餐則是小分量以冷餐方式上桌。例如炙烤魚肉、冷肉餡餅、芥末肉骨、水煮蛋、冷火腿等，全一併上桌。

「每日早餐」屬於「小分量」：雷尼埃在近乎巴黎革命的早餐覺醒顛峰期，試圖記下的適當筆記，內容幾乎與此雷同。維多利亞時期末和愛德華時期版本的《家居管理手冊》就跟專業早餐書一樣，內容含括餐桌擺飾的插圖。早餐是具有自我目的、慣例和完美性的一餐，值得保留傳承，這本書彷彿想讓早餐轉型，變成可冷凍、再加熱、使用銀製餐具的晚餐。

　　從我們的觀點出發，這些詳細說明自成一格延續。在這期間，早餐的用法十分矛盾。長久下來，我們都知道，矛盾的方式勝出了。

　　堅持穀物食物屬於健康早餐選擇的這種想法，可追溯淵遠流長的歷史。十八世紀，喬治・錢尼（George Cheyne）在他的《健康長壽寶典》（*Essay on Health and Long Life*）中，建議生活方式屬靜態而非活躍的人，十一點前切莫進食，「然後吃可口蔬菜當早餐」——這裡我想他建議的其實是吃麵包，不是甘藍。若是如此，那這就比約翰・多蘭在一個世紀後出版的《餐桌特色》（*Table Traits*）更自由。多蘭建議他維多利亞時期的讀者：「紮實早餐只適合做完很多運動後吃，不然胃灼熱可會找上你」。多蘭又繼續說這是常見錯誤，他堅稱「除非桌上有麵包和牛油，否則不可吃早餐。但要避免吃剛出爐的麵包和海綿蛋糕卷，不要吃馬芬糕和烤圓餅……熱牛油土司也是罪惡淵藪，乾土司是最安全的早餐選擇。」

　　多蘭的著作初版在一八五四年發行後不久，一八六五年二版出

版前，一種新型態的早餐崛起。一八六三年，在紐約州丹斯韋爾，名稱討喜的「山丘之家」療養院，業主詹姆斯・卡雷柏・傑克森（James Caleb Jackson）發明了「瓜努拉」（Granula），當作病人每日嚴謹飲食的一部分。含有豐富麥麩的瓜努拉，浸泡一夜即可食用。產品的名字和特性後來改了，所以如果覺得瓜努拉聽起來陌生很正常，它的直屬後代葡萄堅果穀物（Grape-Nuts），到今日依舊活躍。

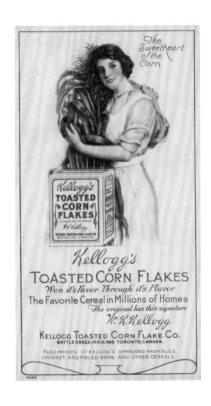

一九〇六年家樂氏玉米麥片廣告，還標有食品商的所有格符號。

其他創新發明在傑克森的發明後也如雨後春筍冒出。一八七〇年代末，喬治·賀依特（George H. Hoyt）決心要突破自我的成功，於是發明了惠特那（Wheatena）麥片。在依舊沿用原名販售的早餐麥片之中，惠特那恐怕是最老的一個品牌。賀依特和他的繼承人法蘭克·福勒（Frank Fuller）想出一個重要的行銷點子：不若燕麥片和其他潛力十足的競爭手，惠特那不是以袋裝販售，而是聰明包裝的盒裝，消費者愛死了。

艾倫·懷特（Ellen G. White）是傑克森療養院的病人之一，她創辦了基督復臨安息日會（Seventh Day Adventist）教派，對大眾傳播灌輸她的素食信仰。她轉信該教的教友約翰·哈維·凱洛格（John Harvey Kellogg）在密西根州巴特克里市經營療養院，堅持平淡無肉的早餐，於是開始發明穀類食品。一八九四年，凱洛格的實驗出錯，進而發明出麥片。他的弟弟威爾·凱斯·凱洛格（Will Keith Kellogg）成功逆轉局勢，成為創造歷史的先驅，不僅因為他把同樣流程套用在玉米粉上，更因為他加入糖，所以才因緣際會發明出玉米麥片。糖雖然加的不多，但已夠讓他哥哥覺得反胃，更夠讓消費者掏錢購買產品。

他開始以聰明的宣傳手法拓展市場：「請在未來三十天停吃烤玉米片！」這是誘拐大眾的要求之一。「對食品商眨個眼，就可免費獲得一盒」則是另一大誘惑。英國作家薩奇·孟洛特（Saki H. H. Munro）別在短篇故事《菲爾柏伊史圖吉》（*Filboid Studge*；這個聰明的新名稱

註定改變皮彭達的失敗命運)中,諷刺這個銷售花招。

　　一張碩大黯淡的海報,描繪出地獄深淵之景:優雅年輕的朋
友抱著裝有菲爾柏伊史圖吉的透明碗,站在罪人伸手無法觸及
之處,這是無人見聞過的錐心折磨……底下還有一行立體字樣
殘酷聲明:「他們再也買不到了」。

一九三四年,家樂氏工廠女員工封盒前,檢查麥片是否已裝好。

免費圖畫書和其他贈品，還有一籮筐吸引孩子目光的吉祥物，以及過耳難忘的口號，奠定二十世紀麥片廣告的風格。黛安‧艾克曼（Diane Ackerman）在《感官之旅》（*A Natural History of the Senses*）寫道：

一八七三年的多彩石印版畫，A.&C. 考夫曼（A.&C. Kaufmann）的《早餐》（*Déjeuner à trois*）。

「引人食指大動、酥脆響亮的一碗早餐麥片是：喀嚓、嘎吱、砰砰」。更明確一點說，其實家樂氏麥片的營銷人員比黛安更早就發現這點。還有質感類似絲瓜、具有彈性的脆麥片條（Shredded Wheat），這個膨化烘烤而成的麥片，是長期為腹瀉所苦的亨利・柏奇（Henry Perky）於一八九三年的發明。對英國觀眾而言，每一塊脆麥片條都是一大挑戰：雖說這不得了的脆麥片天然、健康，可是相信沒人能一口氣吃掉三片吧？

十九世紀時，原本對消費者堅持主打其健康益處的麥片食品，現在卻逐漸被在乎孩子健康的父母打入冷宮。薩奇寫實記錄下這個趨勢：「女人一旦發現某食物食而無味，強迫家人食用的熱情就沒有極限。」但就連薩奇都無法預見未來發展。日漸增添的大量糖分，誘惑著這些家庭的味蕾，讓他們棄械投降。

即使糖分增加，纖維減少，還是能成功說服受罪惡感驅使的媽媽，讓她們乖乖買帳，相信名號響亮的早餐麥片是打造孩子健康強壯身體不可或缺的食品。有些品牌出於各種理由，從來沒打出國內市場，可是家樂氏產品向來是全球麥片的領先龍頭，目前與雀巢和其他大廠瓜分市場。麥希米連・柏奇貝納（Maximilian Bircher-Benner）源自二十世紀初的什錦果麥和類似產品，混合各式各樣的燕麥粒片、乾燥水果和堅果，倒入牛奶食用，跟美國風格的穀物一同販售，主打對象是相對小眾，且更有健康意識不過同樣嗜甜的市場。世界各地的大人依舊食用當地的傳統早餐，買給小孩吃的含糖麥片數量卻

逐年增加，小孩的體重也逐年上升（即便加入麥片的是金斯利・艾米斯《幸運的吉姆》說的「青青的」脫脂牛奶，也難逃肥胖命運）。

同樣具自我健康意識的市場，偶爾還會享用含肉早餐：不過這屬於周末的小小享受、住B&B民宿附的好康，以及簡易又感官的奢華享受。不久前，亞米斯德・莫平（Armistead Maupin）才在《城市故事》（*Tales of the City*）中稍微輕描淡寫，某一場景開頭，麥克「送早餐給躺在床上的孟娜，有水波蛋、九穀雜糧土司、義式烘焙咖啡和來自馬瑟與亨利肉鋪的法式肉腸」。

上菜方式，食客身分，貧富差距

比起其他餐，早餐的準備和上菜（這個說法不一定絕對適切）更為快速而較不正式。若要飯前禱告，禱告就要精簡。先前引述過法斯塔夫，他就曾這麼警告：「你不能說禱詞……你不可在食用蛋跟牛油之前說這麼多禱詞。」詹姆斯・包斯威回憶與山謬・約翰生的對話，討論他們對「早餐說禱詞（蘇格蘭作法），晚餐和宵夜也禱告」的看法。約翰生覺得沒必要，包斯威則是在註腳加入個人意見（「我認為早餐說禱詞跟其他餐一樣恰當，早餐是很愉快的一餐」），他自知需要花點力氣說服英國讀者。

奧利佛・溫道爾・霍姆斯（Oliver Wendell Holmes）在《早餐桌上的教授》（*The Professor at the Breakfast-table*），描繪舒適的住宿環境，房客

吃自助式早餐也很合理正常：

> 我定睛望著一名神學院學生，想交談幾句，然後使出我的王
> 牌，也就是收尾。「可以麻煩你遞糖給我嗎？感激不盡。」我說，
> 「人類是依賴的動物。」
> 「小事一樁。」神學院學生說，遞糖給我。

愛德華・史賓塞・摩特描述，十九世紀的桑德赫斯特皇家軍事
學院裡，早餐是好吃，可是不需要別人幫忙上菜。「餐點」供用餐者
自行取用，牛肉已經切好，就連咖啡也已加入牛奶和糖：

> 早餐一成不變，老是在餐廳，人們三三兩兩，成群結隊的來。
> 咖啡（已經做好，加入牛奶和糖，還有慈善學校提供的甜點）倒
> 入淺碟，直接就著碟口喝。還有想拿多少就拿多少的麵包和牛
> 油，以及蛋或是水煮冷牛肉（已切好）與香腸。每一道菜都很棒，
> 眾人用餐完畢，桌上幾乎一掃而空。

無庸置疑，最好吃的早餐莫過於他人偶爾精心準備的餐點。像
這樣的早餐就出現在《查泰萊夫人的情人》裡。梅勒斯為還在床上的
康妮送上餐點，他則「坐在一張椅子，餐盤擱在膝上」吃起來。詹姆
斯・喬伊斯的《尤利西斯》中，利奧波德・布魯姆也為還在床上的摩

莉準備早餐。他的思緒一部分繞著自己的早餐盤旋，他在想，早餐大概可以吃到腰肉，他等下就要衝去買。他悉心照顧家貓，準備牠那碟牛奶，摩莉的早餐則是依她喜歡的方式製作。「再一片麵包、牛油，總共三、四片，這樣夠了。她不喜歡滿滿一盤，好，他轉身背對托盤，從爐盤上拿起水壺，然後斜放在火爐上。水壺一副乏味地蹲在那兒，壺嘴往外翹。一杯茶很快就煮好。」早餐就這麼完成了，他放上托盤，端上樓時思忖著，她會不會其實也想吃點腰肉？

雖然她早上愛吃薄片麵包和牛油，不過誰知道，她或許也喜歡美味的東西：

搞不好她偶爾會想來點別的。他站在空蕩蕩的走廊輕聲說：
我要出去附近一趟，很快回來。
聽見自己說出這句話後，他又補了句：
妳確定早餐不想來點別的？
一個困倦的聲音咕噥應答：
嗯。

就算是沒這麼親密的情況，我們還是喜歡稍微用心準備的早餐，就好比一八五六年，約翰·比梅斯在海利伯里和同學一起享用的早餐：

我們發現……一塊羊排或咖哩比目魚等類似的食物，別出心裁擺放在爐柵煤鉗上保溫。早餐宴會人人都喜歡，有著學生準備、琳琅滿目的奢侈品，通常還有大杯啤酒或紅酒。

最討人厭的早餐當屬正式又不私人的，也就是另一個極端：正式上菜的早餐。我們可與愛德華‧史賓塞‧摩特的觀點產生共鳴，他覺得對小霸王（主子或階級較高的學生）和被迫服侍他們的不幸小跟班（奴僕）來說，十九世紀末的伊頓中學早餐並沒比較好：

首先，一天開始之際，階級較低賤的年輕小伙子非常可能餓著肚子，在早課結束後，還得替小主人準備早餐，有時還是繁複精緻的餐點。大廚房裡，會有一、兩個廚娘從旁協助，世襲的奴僕展露一手烹煮、烘烤和煎炒的好才藝，也得煮茶或咖啡，有時是兩者都要。馬芬糕、香腸、煙燻鯡魚、烤麵包、火腿炒蛋、牛肉或火腿片等更是樣樣包辦。

摩特又說，命運可憐的奴僕「得站在餐桌旁服侍，折騰到主子離開餐桌為止」。不過伊頓中學餐桌旁服侍的人手，還沒有黛安娜‧庫柏（Diana Cooper）在《日常之光》（*The Light of Common Day*），回憶二十世紀初一頓九點鐘的公爵早餐來的多：「共有五個人服務我們，每人各一個侍者。每個人都有自己的茶或咖啡壺，然後自己動手取蛋和

培根……赫布朗吃了不少青蔥。」我們就把青蔥當作貴族本身的特殊怪癖，可是五個人服侍早餐要怎麼解釋？用餐者自己取蛋和培根又是怎麼一回事？那五個服務生站在那還要做什麼？普克勒‧穆斯考公爵描述十九世紀初英國郊區住宅管家的「卓越公寓」後，他記錄下隔壁房間「是用來煮咖啡的，貯藏間有全英這最重要一餐所需的各式早餐用具，都特別放在這個空間裡」，倒顯得較為合理。

天秤的另一端，同樣討厭的是未經用心準備的早餐。像是喬治‧歐威爾的散文《窮人之死》(How the Poor Die)中，巴黎醫院供應的早餐：「八點送來早餐『軍隊湯』，其實就是一種稀釋的蔬菜湯，上面漂浮著幾塊黏糊麵包」，還有《穗芒》(The Spike)中濟貧院的早餐：「千篇一律的濟貧院食物，永無變化，無論是早餐、中餐或晚餐，都是半磅麵包、一些乳瑪琳、一品脫所謂的茶。我們用五分鐘狼吞虎嚥下這些廉價有毒的食物」，甚至還比他在《絞首刑》(A Hanging)中描述的緬甸監獄伙食還差：「囚犯……已經開始領取早餐。他們蹲成一長列，每個人手裡捧著一個小錫盤。提著水桶的獄吏，邊繞行邊用湯匙撈飯。絞刑過後，此情此景堪稱溫馨愉快」。歐威爾沾沾自喜自己創作出這些難以入口的早餐。還記得找不到美妙形容詞描述的「紮實早餐」嗎？這是替《你的英格蘭》定調的關鍵特質。然而，縱使歐威爾式的早餐再差，都贏不過夏綠蒂‧勃朗特(Charlotte Brontë)的《簡愛》(Jane Eyre)：

各班被帶進另一間房間早餐：想到有東西吃我就期待萬分！我昨天吃太少，肚子餓到快扁了。

食堂偌大，天花板低矮，光線暗沉；在兩張長桌上，擺著一碟碟煙燻熱食，我失望發現，飄來的味道讓人不甚提得起胃口。我看見馬上要吃這些食物的人，一嗅到味道，全部不約而同露出不滿表情。行進隊伍最前面，幾位第一班的高個兒女同學揚高音量說著悄悄話——

「好噁心！粥又焦了！」

「安靜！」這時冒出一個聲音……冗長的禱告詞和詩歌演唱過後，有位奴僕替老師斟茶，眾人便開動。

我餓到天昏地暗，完全不去想味道，狼吞虎嚥下一、兩匙，但等到飢餓的感覺慢慢消散，我才發現自己正在吃的東西相當噁心；燒焦的粥其實沒比腐爛的馬鈴薯好到哪去，就連饑荒本人都快忍無可忍。眾人握著湯匙的動作遲疑：我看到女同學都在品嘗食物，試著嚥下，但多數人很快便棄權，不願再試。早餐結束時，根本沒人真的吃飽……我是最後幾個離席的，行經餐桌時，我看見某老師拿起一碗粥試味道。她望向其他人，眾人臉色一沉，其中一個矮胖子低聲說——

「難吃至極！可恥！」

一八九九年，英國蘇格
蘭穀麥（Scotch Oats）的
廣告，在暗示唾棄英格
蘭人不吃粥。

咬文嚼數字

　　《魔戒》的瘋狂粉絲不是唯一注意到一天七餐這數字的人。
一九五八年，餅乾製造商W. S. 克勞富有限公司，委託杰佛瑞·瓦倫
（Geoffrey）和他的研究員伙伴，以數據為基礎，利用最詳盡的細節，
進行「我們吃的食物」調查，最後得出的結論也雷同。研究發現，五

〇年代的英國人跟哈比人很接近，中午前就吃到三餐：瓦倫說分別是「上午茶」、「英國早餐」。我們注意到，就連社會調查也免不了強調，這餐是愛國的證據——「十點小點心」。

當時的英國國民飲品是茶，飲用時間也不限上午茶，每人一天飲用量是六杯，但調查的目的是希望獲取更深入的細節。研究調查挑選四千五百五十七名十六歲以上成人，在一九五六年的炎夏，進行為期一周的訪談。另外四千五百五十七人的人口統計學檔案相似，但是在一九五七年凜冬，進行為期一周訪談。這些人都在什麼時候，吃什麼、喝什麼？

先從上午茶開始。後來研究發現，只有不到一半的人吃這一餐：就算是夏天，也只有百分之四十的男人會吃，冬天的話，有百分之四十九的女人吃上午茶。多半在六點半到八點半間食用，星期六時間會延後到七點到九點間，冬天的星期日甚至可能延到九點後，幾乎和高康大吃早餐的時間一樣晚。其實這沒什麼好大驚小怪，但讓人有興趣知道的是，這百分之四十的英國成人在吃上午茶時，是否會搭配其他食物。但關於這點研究員沒問，至少並無這方面的紀錄。所以從數據來看，一九五六年夏天和一九五七年冬天，英國人是否與古埃及和中世紀歐洲人的麵包沾酒一樣，以「清洗口腔」的茶、麵包和牛油展開一天，我們也不得而知。

再來是英國早餐。研究發現，吃上午茶的人多半也會吃這餐：約百分之四十的人兩餐都吃，其他人則幾乎只吃早餐。從整體抽樣

來說，吃早餐的人超過百分之九十，用餐時間在七點到十點間，不分男女、寒暑皆然。不過星期日這天，時間會明顯往後挪：八點前就開始用餐的人很少，約三分之一都是在沒調查到的九點半後吃。至於他們都吃什麼？這我們晚點回頭看。

吃十點小點心的人遠多過上午茶的人，約有百分之五十二，比例冬天明顯高於夏天，女性又比男性多一些。瓦倫跟他的研究員就在這裡錯過一個重點，他們沒有問，或是沒有記錄下來，有多少吃上午茶的人也吃十點小點心，又有多少人只擇一食用。也就是說，我們很懊惱地發現，到頭來我們還是不知道，是否幾乎所有五〇年代的英國人，都像托爾金經典著作的哈比人（午前兩餐，一天共吃六餐），還是約莫一半的當代英國人都像彼得·傑克森電影刻劃的哈比人（午前三餐，一天共吃七餐）。最後結論是兩者皆有可能。至少我們知道，十點小點心的主角是茶（樣本中，約三分之一的人喝茶）或咖啡（約六分之一），其他飲料則全數落榜。僅有約四分之一的人享用餅乾、麵包和乳酪，或在十點吃紮實的食物。

現在回到前面說好要討論的大問題：英國人早餐都吃什麼？他們的飲料選擇一目了然：又是茶，占了全樣本百分之八十五以上。但飲料非得是茶不可，因為這樣才能達到英國人一天六杯的紀錄。不到百分之五的人早餐喝咖啡，另外約有百分之五的人什麼都不喝。

至於食物，調查框出四種可能，分別為：穀物、粥品、熟食、麵包或土司，以及水果或果汁。最後一個選項可以暫時不去理會，

吃的東西不落在以上四種的少數人也可暫時排除在外：比率低於整體樣本的百分之十。至於其他人吃什麼，最主要是其中兩項。最受歡迎的選擇就是麵包或土司（可暫定搭配的是牛油或乳瑪琳），約有百分之五十到六十的人吃麵包或土司，無論寒暑、不分男女，但星期日較少人吃。這還挺奇怪的；請先記下來。橘子醬是僅有百分之二十五的人享用的奢侈品，果醬和蜂蜜沒人吃。再來換熟食了，吃熟食的人比率各異：夏天只有百分之三十七的女性會吃；冬天的話，男性比率會飆高至百分之六十；夏天平日總共只有百分之四十三的人會吃；冬季的星期日，完整比率則飆高至百分之七十。吃穀物的人將近百分之二十，夏天吃粥的人非常少，冬天也只有百分之十七（到了星期日又更少）。但這項調查必須在多數人只吃其中一種食物，其他人最多只吃兩種的情況下才合理，星期日出乎意料的結果則或多或少算是佐證。星期日的熟食早餐，是每周一次的奢侈享受，通常取代穀物和土司，而不是接續在後吃的。那熟食早餐又有哪些？百分之二十至四十是煎蛋、百分之二十至四十五是培根、百分之八是煎麵包、百分之八是水煮蛋、約百分之六是番茄……，還有百分之八的人會在冬天的星期日吃香腸。

　　要是我們拿這些數據的結果，與歷史和文學作品的早餐比較，就會得到這個結果。典型的五〇年代英國早餐是熟食，但只會有一種，最多兩種餐點，範圍落在選擇不多的幾樣熟食，還有麵包和茶。星期日比平日更盛行吃熟食早餐，用餐時間通常也較晚，熟食種類

可能多達兩道，甚至三道。早餐麥片雖然百折不撓賣了數十載，但當時尚未攻陷多半的家庭，不過數字已在持續飆升。

芥末醬羊腰肉土司。

第五章
早餐觀感

　　喬伊斯《尤利西斯》的主角布魯姆展開一天，腦中第一個想到的就是早餐。布魯姆習慣「食用飛禽走獸的內臟」，他喜歡濃郁的雜碎內臟湯、堅果胗料理、鑲料烤心、碎麵包炒肝片和炒鱈卵。他最愛的莫過於碳烤羊腰肉，「舌尖還嘗得出一絲尿騷味」。但在這之前，他還有事情要做。就是得先幫摩莉和家貓準備早餐，別出心裁地準備他們的早餐。準備完畢，他就可以專心思考自己的早餐，不過在此之前，他得先去肉鋪一趟。

　　他在德魯賈茲的窗口前停下腳步，盯著一串串香腸、豬肉腸、或黑或白的香腸……閃亮的腸衣灌滿五香碎肉，令他看得目不暇給，他默默嗅著那溫和不搶味的辣豬血熟食。腰肉排放在柳樹圖案碟子上，在豬血間香氣四溢：這是店裡最後一碟了，布魯姆一看就知道，就像他早就知道今天要選哪一道愛爾蘭肉品般清楚。

他走進店裡，可是住隔壁的女孩早他一步；她會搶先一步買下腰肉嗎？「請給我一磅半丹尼香腸，」她對著購物單朗讀，布魯姆的目光停在她飽滿豐腴的臀部上，「豬肉販東翻西找，用沾有汙漬的腸粉色手指，折起剛剪下的香腸。很棒的肉品，就像在牛舍餵養長大的小母牛。」布魯姆心想。他的思緒依然在隔壁女孩身上。「謝謝，姑娘，找妳零錢一先令又三便士。先生，請問你要什麼？」布魯姆先生的手很快指過去。要是她走得慢，他就能追上她，跟在她那雙蠕動的豐臀後方，大清早看見的第一個風光就如此明媚。快點啊，可惡……「三先令，麻煩您。」他的手接過濕潤的柔軟腰肉，順手滑入側邊口袋。

太遲了，她已經消失在街頭，無影無蹤。值得欣慰的是他買到腰肉，現在這塊肉是他的了。文學世界裡，還有一些篇幅更長，交叉描述美食和感官體驗的作品，但探索早餐者意識的文學作品中，比這更長的可能僅有一個。

早餐的組成

如我們所見，布魯達克是最早發現早餐和其他餐食不同的作家。人「不費吹灰之力」，就能吃手邊現有的食物當早餐，在哪都能吃：阿普流斯的敘述者和旅伴就在一棵梧桐樹下吃，唐吉訶德和桑丘在清澈泉水旁、扶疏樹影下早餐。奧克拉荷馬州喬德家的農場裡，餐

桌沒有足夠位子，這對任何一部文學作品的午餐或晚餐都是一場災難，不過換成是早餐卻見怪不怪：「自己拿個盤子，找個地方坐下，院子還是哪都好。」有的人當然可能在床上吃早餐，有的人甚至可以和別人在床上吃早餐，就好比在芬妮‧柏妮的《伊芙琳娜》(*Evelina*) 中，伊芙琳娜說的：「我發現雖然杜布瓦先生人在房裡，杜瓦女士仍在床上吃早餐，這令我震懾到下意識地離開……她重感冒，杜布瓦先生的聲音沙啞，幾乎說不出話。」伊凡麗娜是否不小心撞見杜瓦太太跟杜布瓦先生早餐前就親密過的證據？床上早餐可能由一個、兩個甚至兩個以上的人參與：以杜瓦太太的情況來說，要是含括一旁觀察的芬妮，就總共三人。至於梅勒斯和查泰萊太太，要是我們算進無所不在的敘述者，也有三人。

　　早餐看來是由有空的人準備的。所以說，本書探討的第一頓尤茂斯小木屋早餐，是流浪乞丐幫忙準備的；第二頓提比利亞海岸的早餐，是陌生人準備的；第三頓弗雷辛菲德看守人小屋的早餐，訪客得包容「卑微看守人屋中有的食物」，不過他們懷疑，瑪格麗特只是「故意說得微不足道，好方便履行她的承諾」，換句話說，她會供應比她敢承諾出口還要好的餐點。在喬德家，早餐的製作和用餐時間全看「一會兒就會喊大家進去吃早餐」的喬德老媽。她有足夠讓大家分食的鹹豬肉，卻說「幸好我今早做的麵包夠多」。

　　無論早餐是誰準備的，最後都要做給自己吃。深具冒險精神的《時代》(*Times*) 雜誌通訊記者 G. E. 摩里遜（G.E.Morrison），在

一八九五年的回憶錄《人在中國的澳洲佬》（*An Australian in China*）中，率直誠實地坦承，他就沒自己做過早餐，還描繪出他資質駑鈍的侍者老王：

這天，他又早在黎明破曉前起床，照料驢子，準備我早餐要吃的粥和蛋。他以為我喜歡吃整顆煮熟的蛋，每早都把我的抗議表情當成贊許。中國人確實會以前例決定自我行動；第一天早上，老王煮了一顆蛋，但我無法責罵他，之後每天早上，他順理成章就用同樣方式煮蛋給我吃。我用中文說：「我不喜歡」，可是那早我這麼對老王說，他卻以為我只是單純不喜歡蛋，而非不喜歡蛋的作法，於是用中文：「好、好。」然後乖乖幫我把蛋吃光。

一八四八年，湯瑪斯・弗瑞斯特遠行到挪威，就自己成功做出早餐。「到這種國家旅行的人，應該一早準備豐盛早餐，這是權宜之計。因為除了皮夾的預算有限，還有在路上喝到一碗牛奶的可能性低外，天黑前吃到東西的機率幾乎等同於零⋯⋯這裡也沒有培根和牛排這種配菜。」弗瑞斯特繼續說，感覺像是另一個世界。在他們的地盤：

他們稱之為「grod」，不過對很多讀者來說，其實就是眾所皆

一八九四年的油畫，查爾斯·伯頓·巴柏（Charles Burton Barber）的《懸念》
（*Suspense*）。

知的燕麥粥或拌粥……這道菜對旅人來說十分寶貴。對習慣靜
態活動、容易不適、消化不良等其他系統運作不良的人，吃粥
會比醫生開藥有效。

弗瑞斯特繼續解釋怎麼煮出這道美好的料理（他的食譜已記在第三章），以及要怎麼樣把它變成一頓旅人心滿意足的完整早餐。「再加上一片裸麥麵包。若沒有裸麥麵包，就改用小麥粉製成、未去除米糠的麵包，比起藥劑師開的藥，這種吃法對健康更有益處。」他短暫想到讀者的下消化道，如此建議。之後，他坦白自己是如何灌下整碗粥的。「我們有時加奶油。奶油在鄉村地方唾手可得，而我們的倉庫貯存有糖。」弗瑞斯特就像二十一世紀到飯店早餐吧的客人，取用現有原料，拼裝出屬於自己的早餐。

早餐的重要性

楚門・卡波提（Truman Capote）一九五八年著的中篇小說《第凡內早餐》（*Breakfast at Tiffany*），除了隱喻用的書名外，實際上並沒有真正的早餐（不過電影版倒很認真看待書名，以早餐開場）。而在派翠克・馬克白（Patrick McCabe）一九九八年的小說《冥王星早餐》（*Breakfast on Pluto*），以及二〇〇五年的電影改編版中，早餐同樣只是一種隱喻，僅能在劇本中讀到這些對話：

派翠克：……她愛聽的那些歌，那些情歌啊，不過是歌曲罷了。

博蒂：那有什麼不對嗎？

派翠克：如果妳不信這些歌，就沒有不對，問題是她信了，她相信迷醉的夜晚，相信一朵小雲飄過頭頂，相信淚水墜落花圃。她甚至相信必須要到一個地方吃早餐。

博蒂：在哪？

派翠克：冥王星。冥王星神祕虛無的空間。

　

勞倫斯・史丹也在《項狄傳》第八冊的某一章提到早餐。對他來說，早餐也只是譬喻法。我們卡在寡婦瓦德曼和托比・項狄叔叔的愛情陣痛中間，但是托比叔叔並不愛寡婦瓦德曼，現在她有兩個選擇，一是不顧一切繼續地愛他，二是停止愛他。「寡婦瓦德曼兩個都不選，老天爺啊！」崔斯川驚嘆，旋即坦承自己也有類似的猶豫不決：

　

無論它何時墜落，春秋分時它偶爾如此，人間女神亦變得反覆無常，而我無法為她吃早餐，她也不在乎我吃早餐花的那三個半便士。

——我詛咒她！我要把她送去韃靼。

　

後來他改變心意，帶她回來，接著又詛咒她，並發誓再也不受氣。每個句子間的「它」，意思從女人切換至愛情、性，到這時「它」的譬喻依然飄忽不定：

不；我的手指不應碰派餅……

我麵包皮與麵包心

裡裡外外

上上下下——我憎惡它，怨恨它，我拒絕與它往來——

光看到就噁心想吐——

全是胡椒、

蒜頭、

龍艾、

鹽巴，還有

阿魏膠——我想，全出自主廚之手。他從早到晚，只坐在火爐邊，為我們煮出令人胃燒灼的菜餚，我絕對不碰——

——噢，崔斯川！崔斯川！珍妮哭喊著。

伸進派餅的手指又帶回食物的意象。「麵包皮與麵包心」（crust and crumb）是早餐不可或缺的糧食，是「麵包」的古語，從《李爾王》時代便開始使用，到史丹的年代更是人盡皆知。他不會再碰那飄出鹹鹹麝香的味道：一般人可能一不小心就吃太多的龍艾（tarragon，也作 staragen），蒜頭和胡椒也是如此。與其他食材相較，阿魏膠（devil's dung/asafetida）較令人不敢恭維，不過很好入菜，也很有益健康。提到阿魏膠，崔斯川的腦海才浮現主廚，但這插曲從早餐就開始了。

對早餐較沒那麼多情緒的人，可能只覺得早餐是一天辛勤工作前隨便吃的一餐，然後忘個一乾二淨。在第一章曾經引述，希波克拉底時期的文獻《古代醫學》對用餐時間的分析，可是甚至沒有提及早餐。天色剛亮即吃的輕食叫作akratisma，可是作者連提都沒提到，代表他不把這當作正餐。也許看似詭異，不過有些人類學家的觀點也雷同，他們所準備的論點是，正餐屬於社交活動，而早餐並非（一向）是社交活動，因此稱不上是一餐。但他們不是唯一這麼想的人，

一九一四年，戰壕裡的早餐。

編輯《派比日記》的歷史學家羅伯‧雷森姆聲稱，這本日記的主人通常不吃早餐，他平鋪直述地說：「派比起床後可能會喝飲料，吃一點麵包，可是日記裡並未記載，不算正餐。」

「你若在早餐前高歌，就會在夜幕低垂前哭泣。」曾有人這麼警告，「『希望』是一頓美味的早餐、惡劣的晚餐」。也許更有用的說法是：「驕傲經常跟富足早餐，與窮困午餐，和聲名狼藉晚餐」。《家庭之書》（ The Family Book ）或《生活關係指南》（ Instructions Concerning all the Relations of Life ）一書的匿名作者把最後一句警語的來源，歸於鄰居「好好先生瑟頓」，而我們又憑什麼質疑他的話？瑟頓先生其他「給年輕商人的建議」的重點是，無論來源為何，都不該將潛在生意拒於千里之外：你的錢也許夠買早餐，可是若不外出賺更多錢，破產亦即聲名狼藉將接踵而來。布魯爾（ Brewer ）一八七一年版的《警句與寓言辭典》（ Dictionary of Phrase and Fable ）記錄的警句也相同：「富蘭克林說：『失序，就是與富足早餐，與窮困午餐，和不幸晚餐，與死亡入眠。』」換句話說，要注意自己的言行舉止，生活要有規律，並如同先前所述，早餐要吃得清淡。富蘭克林可能確實說過這句話，但擔保人不是我，是布魯爾。至於早餐，從這些成語的普遍趨勢可知，早餐地位並無足輕重。

然而，對一些人來說卻是舉足輕重，例如「早餐吃得豐盛」的「瀕死之人」。這些話最早可追溯至一九五三年，博川‧錢德勒（ A. Bertram Chandler ）的故事《最末日》（ Last Day ）（當時這些話早是陳腔濫

調），重整了兩千五百年前斯巴達國王雷奧尼達斯（Leonidas）的想法。或我們至少是這麼聽說的。另外還有一個正確性不明的引言，西元前四百九十年，雷奧尼達斯的命運就是率領六百斯巴達戰士，抵抗波斯大軍，不讓對方攻破狹長的溫泉關隘口。他對軍隊進行的演講並無早期紀錄，畢竟聽過他這番演講的人早就命喪黃泉，怎麼可能有紀錄？可是事件過了五百年後，羅馬作家卻很清楚雷奧尼達斯說了什麼：Sic prandete, conmilitones, tamquam apud inferos cenaturi。把這句話直譯成英文，他的意思是告訴戰友，要像在地獄深淵用餐一樣吃早餐。希臘用字是ariston，拉丁文是prandium。由於斯巴達人已在等待敵軍迫在眉睫的進攻，而波斯人天光乍亮就團團包圍住他們，所以我們知道這一句話的翻譯應該不是「午餐」，反倒是「臨死之人的豐盛早餐」。

其他人把早餐看得很重要，但不僅僅是當作最後一餐。有位年輕蘇格蘭女人被朋友慫恿，嫁給一個口袋空空的男人時（朋友說「要為了愛而嫁，銀兩之後努力賺就有了」），她用智慧話語應答：「此言不假，可是一個吻和一丁點冷水，只做得出寒酸早餐。」這句話出現在一八六一年，E. B. 蘭希（E. B. Ramsay）的《蘇格蘭生活與人物回憶誌》（*Reminisences of Scottish Life and Character*），說這句話的女子意思當然不只是要吻有錢人，還特意提到早餐，如果早餐寒酸、空乏且不營養，便失去了早餐真正的用意。我們在第二章引述過，在托瑪斯·皮科克的《克羅柴堡》中，弗列特博士討論起完美早餐的元素前，談

到一般早餐的重要性：「克羅柴先生，你很有品味，是否坐在早餐桌前用餐，就能看得出一個人是否有品味。這跟赫丘力（Hercules）的腳是一樣的。」據聞，畢達哥拉斯曾用奧林匹亞非比尋常的跑道，計算出希臘英雄赫丘力腳的大小，據聞他是一步步走出來的。測出赫丘力的腳長後，他計算出他的身高。早餐是一天的測量值，就像赫丘力的身高是以腳進行測量的一般。

可以說托瑪斯‧皮科克是唯一會拿早餐和赫丘力的腳相比的人。

一九四一～一九四三年的美國海報。戰爭初期，政府透過海報，對美國人民宣導健康與營養觀念。

自此之後，很多人也贊同弗列特博士的說詞，認為早餐別具重要性。「早餐是十分重要的一餐。」一八七九年，愛德華・普來托在（Edward Playter）《基本解剖、生理和衛生》（*Elementary Anatomy Physiology and Hygiene*）如此寫道。這已經是很貼近現代的老套說法，但第一個用較長篇幅聲稱早餐是「一天最重要一餐」的作家，恐怕當屬 M. T. 柯布拉斯（M. T. Colbrath）莫屬，他在一八八二年的《早餐吃什麼》（*What to Get for Breakfast*）便是這麼說的。同樣論調也出現在一八九三年菲利普・摩斯基特（Philip Muskett）的《澳洲生活藝術》（*The Art of Living in Australia*）。他堅稱，若是不希望飯後消化不良，就要留多一點時間給這重要的一餐：

> 提早一小時起床，就不必手忙腳亂、匆匆忙忙。這樣就有充裕時間泡澡，我是說真正悠哉地泡澡；最重要的是，早起的話就有機會吃頓悠閒早餐，亦即一天最重要的一餐；最後，早起還可以不必在最後一刻趕時間。趕時間會危害消化和健康。

以上都是出自實用書。老生常談已經滲透日常生活，也因此一八九六年出生蘇格蘭的加拿大作家羅伯特・巴爾（Robert Barr），在小說《女人多事》（*A Woman Intervenes*）中，就描繪一名父親催促兒子起床時這麼說：「起來了！快起床！乖兒子，起床吃早餐！早餐時間到了！想要身體健康，就得吃一天最重要的一餐。」

早餐的不快

　　早餐可能是「最重要的一餐」，應該沒人會反對這個說法吧？早餐可能的確就是「最重要的一餐」，但卻是很困難的一餐，而且沒有一餐能比女作家亨利·漢德·理查森在澳洲小說裡描繪的更艱難。這幾部小說以手術般精準的手法，回顧一個家庭遭遇的艱苦，艱苦程度並不亞於作者出身的家庭，書中另外刻劃出父親日漸衰落的健康。三部曲的第二部《歸途》（一九二五年著），彰顯出家庭賓客對要照著不熟悉的早餐時刻表吃飯，深感沮喪。奇怪的是，其他十八世紀末和十九世紀初的小說女主角，在別人家作客時，也曾有過似曾相識的沮喪：芬妮·柏妮與小說同名的女主角伊芙琳娜、瑪莉亞·埃奇沃斯《缺席者》中的葛蕾絲·紐珍、珍·奧斯汀《曼斯菲爾德莊園》的芬妮·普萊斯，四本著作的作者都是女性，難道是巧合？可是將不快表達得最淋漓盡致的人，莫過於理查森（本名是艾瑟兒·佛羅倫斯·琳塞·理查森）。理查·馬赫尼帶家人回到澳洲，他們暫居在德文一家。十點鐘，雖然瑪麗已經醒來好幾個鐘頭，依舊穿著睡袍和拖鞋。這是「這棟非凡大宅的規矩之一，不到十點，訪客不得用早餐，事實上用餐時間是愈晚愈好，總之至少要等過十點。」奴僕要隨時待命，「無止盡等候餐廳鐘聲響起那刻」：

　　理查對他們利用賓客當奴役僕人的武器頗有微辭，說話更毫

不留情……他和瑪麗在第一個早晨撞見這場面，第二天，他們學聰明了，又餓又冷地留在樓上閒晃等待……早餐過後，僕人服待過瑪麗，瑪麗便著裝完畢，等待搭馬車外出遛達，讓招待她的女主人沒理由使喚催促幾個女僕。

過了更長一段時間，在第三部小說《遠端》（*Ultima Thule*），這家人家道中落，理查的思緒也逐漸出現騷動不安的跡象，「傳票送達那刻，他們正在吃早餐。早餐，是難以避免摩擦的一餐」：

理查還是老樣子，以飛快速度吃著早飯，雙眼目不轉睛盯著餐盤。他說，這麼做是不想看見薩拉灰塵堆積的緞綢和邦巴津織物，光看到這就讓他在炎熱的早晨胃口盡失……薩拉有個專屬的習慣，她會在吞下食物前，反覆細細咀嚼，孩子忙著數阿姨咀嚼幾口，連飯都忘記吃了。他們耳朵全豎起來，等著聽阿姨咬下最後一口。媽媽說，那是她牙齒發出的聲音，仔細聽人家咀嚼很失禮。

這些都是悲傷的早餐場面，就好比年邁的山謬‧約翰生在信中所述：「每天起床後，我都孤伶伶一人早餐，只有黑狗等著我。」施拉爾太太和約翰生的書信間，經常出現「黑狗」，眾所皆知的是，就連邱吉爾（Churchill）也套用。這個詞象徵哀愁。

同樣不愉快的，還有英國旅遊作家艾德華·威弗利（Edward Waverley）在瓦爾特·史考特小說《威弗利》吃的蘇格蘭早餐，但不愉快的理由不同：「威弗利幾近沉默地坐下，他心不在焉、不具存在感，很難留給布萊瓦丁小姐口才出眾的好印象，僅偶爾試著在一、兩段對話中穿插回應⋯⋯。」但她很快就棄權，渾然不知威弗利正在內心交戰。他不知道自己是否該和同是客人的包莫哈波來個正面對戰，早餐時思考這種問題，可能往往導致胃口盡失。他透過窗戶看見包莫哈波，於是匆匆離去，迎面對上對方的道歉，然後又帶著平靜心情兜了回來。

這時他比早餐剛開始時，更能好好享用布萊瓦丁小姐早餐桌上的美食。反倒是包莫哈波有些尷尬，一副垂頭喪氣⋯⋯布萊瓦丁小姐問了他一個問題，他咕噥回一句他的馬摔跤了，然後恨不得逃離這個話題和身邊的人似的，早餐一結束便匆匆起身離去。

好客的布萊瓦丁小姐肯定很希望自己那天沒起床吃早餐。珍·奧斯汀的《曼斯菲爾德莊園》和《威弗利》同年出版，出於類似理由，也有人建議女主角芬妮·普萊斯不必太積極早起吃飯（第四章已有引述）。即便如此，她還是起床吃早餐，向哥哥威廉和他朋友——她可能深愛的克勞富告別。

早餐匆匆結束……我們最後吻別，威廉就這麼走了……這一頓飯美好又短促。芬妮目送威廉離開後，滿懷憂傷地走回早餐室，這令人惆悵的改變讓她內心隱隱作痛，叔叔好意留她一人暗自垂淚，心想，也許兩位年輕人方才空下的座位會勾起她內

一九三四年的海報，德式早餐。

心的柔情，威廉盤子裡殘餘的冷豬骨和芥末，也只能稍稍分散克勞富的碎裂蛋殼帶來的感傷。她坐在那兒，正如叔叔所期，激動地哭了起來，但她哭不是為了別人，而是為了哥哥。威廉已經離她而去。

　　無論是否悲傷，一般都是習慣安靜吃早餐。就像在奧克拉荷馬州的喬德家農場，「在食物全空、咖啡殆盡前，沒人再開口說話，唯有咀嚼食物的清脆聲響，以及咖啡湊到舌頭前吹氣啜飲的聲音」。卡夫卡（Kafka）的《變形記》（Metamorphosis）描繪的薩姆沙家早餐，也是同樣悄然無聲：格里高爾‧薩姆沙的父親無庸置疑定下論調，他說早餐是「每天最重要的一餐」（die wictigste Mahlzeit des Tages），不是因為早餐餐點，而是因為「他能閱讀不同報紙，將早餐延長好幾個小時」。一八五一年，位在比林斯蓋茲、座無虛席的羅德威咖啡館，早餐時「鴉雀無聲，僅有砸嘴舔和啜咖啡的聲音」。

　　比這更早以前的一八二八年，普克勒‧穆斯考公爵在愛爾蘭，和六、七個體格結實的鄉紳共進早餐，觀察到「他們想的不多，但人生卻過得快樂無憂」。他們讓他不由得猜想，是否不多想則話就不多。更久遠以前，耶路撒冷的猶太教《塔木德法典》（Jerusalem Talmud）描述的中世紀早餐便說，真正重要的話只在早餐前後說。

　　拉比亞巴胡以拉比約哈拿之名，說有個男人曾想參與早餐，

對方問他:「那你會歸還虧欠我的東西嗎?」「我會。」他回答。但待眾人早餐結束起身時,他卻說:「我什麼也沒欠你。」邀請他的人抗議:「我有證人可以證明你先前承認了。」他回答:「我這麼說只是不想破壞你吃早餐的興致。」

對珍·奧斯汀《諾桑覺寺》(Northanger Abbey)中的凱瑟琳·莫蘭,早餐是很難應付的時刻。夜裡風雨交加,她飽受驚嚇,想忘記恐懼。她冒著險試圖轉移注意力:「黑夜過後,還有美妙早晨。」「多美的風信子呀!我才剛學會欣賞風信子呢。」「這種事要怎麼學?」將軍尖銳問道,「是意外學會的,還是強辭奪理?」隨口一句話,在諾桑覺寺都可能掀起道德論戰。她嘗試另一條逃避路線:讚美陶器。

陶器是由將軍親手挑選,她讚美了他品味出眾,讓他樂陶陶,坦言這只陶器樣式確實簡單美麗,該好好鼓勵一下祖國的製造品。至於將軍本身的味蕾並不挑別,史丹佛郡粘土捏成的杯子為茶增添韻味,德勒斯登的杯子亦然,不過這組已經舊了,是兩年前買的……。

凱瑟琳卸下防備,將軍見機不可失,連忙進攻:「可是,他相信機會可能早在很久以前便存在,只是不屬於他!」他拐彎抹角暗示兩人可能戀愛的機會,以及接踵而來的婚姻和結婚禮物。

早餐的目的

　　若是和對的人用餐，早餐時光就會是熱烈交談的好時機。一六六一年，山謬‧派比和幾個家人共享新年早餐，包括他那本來預期會找理由不出席的表哥安東尼‧菲納（安東尼的獨子今早就快回天乏術，可是他這人頗懂禮數，還是開開心心地出席了）。幾杯葡萄酒和麥酒下肚後，他們「痛快地吃到十一點」。一八三一年，麥考萊在荷蘭宅邸用餐時對話也很熱烈：

　　早餐陣容包括我的勳爵和勳爵夫人、我自己、羅素勳爵、路特羅。你肯定聽過路特羅這號人物……荷蘭夫人跟我們分享她做過的夢，她夢到有隻剽悍的狗咬她的腳，又夢見去找布洛迪，然後在聖馬丁巷迷路，四處遍尋不著他，她說，真希望這場夢不會成真。我分享我做過的一場夢，就絕不可能實現，因為我夢到我在下議院聽見波洛克演講，演講十分冗長，最後有人咳嗽，噓他下台。這個夢一說出來，聽眾全樂不可支。

　　我們可否說，早餐與其他餐與眾不同，別具明確目的？尋找答案前，必須先摒除明日巨擘的「商業早餐」，除了談公事外，也想不到他們的早餐還有什麼事好做，甚至事前就計畫好要談的公事。可是這不是早餐真正的目的。我們也許可回顧前面引述的歷史和文學

早餐，回想其中的共通性：無論一開始的目的是什麼，最後都超出原本的意圖。早餐本來就不可預期。約瑟夫・海頓（Joseph Haydn）從倫敦回到維也納的路上，曾停留波昂。一七九二年七月，他受選舉候選人的交響樂團之邀，到戈德斯堡共進早餐，他們本打算把他當名人追捧，他也有受人追捧的心理準備。他確實被捧在手心，但同時也發生其他事。他遇見年輕的貝多芬（Beethoven），貝多芬的作品

一九三〇年一月的海牙，白里安與德國總理約瑟夫・維爾特和羅伯・史密特共進早餐。

讓他驚為天人，於是他說服貝多芬前往維也納。

早餐本來只是平淡無奇的場合，這下卻成為貝多芬人生的轉捩點，更在音樂史立下嶄新里程碑。

我們如果諮詢那萬無一失的神諭——網際網路，輸入並搜尋早餐，便會重複搜尋到那絕無僅有的湯瑪斯·巴賓頓·麥考萊（每一條搜尋結果都能發現些許錯誤引用），以及他有關這個主題的神諭宣言。據說這時麥考萊更穩重年邁，不再是一八五〇年左右接受荷蘭（Holland）勳爵早餐邀請，和哈麗雅特·比徹·斯陀（Harriet Beecher Stowe）一起坐著吃早餐的年輕議員。以下是斯陀夫人在《陌生國度的晴朗回憶》（*Sunny Memories of Foreign Lands*）中，提到麥考萊確實說過的話：

> 我環視餐桌，每個人似乎自得其樂，我對麥考萊說，這些早餐派對對我來說很新鮮，我們美國人沒辦過，但我認為這是社交生活最有樂趣的一種。
>
> 他和平時一樣，抓住想法，把它從頭到尾轉換得趣味盎然，各個角度都兼顧，就像某個變換角度、玩起水晶吊燈的人，望著它閃爍的光線。他開始拿出其他派對比較，細數起早餐派對的好。他說，晚餐派對偏形式化，你之所以邀人參加是因為你別無選擇，只因為你和對方的祖父熟稔，或只是因為邀請對方得體，所以為邀而邀。但若你邀請一個人來吃早餐，則是因為

你想見他，幾乎可以確定，要是受邀到早餐派對，應是你有討人喜歡的特點。

　　不用多說，斯陀夫人覺得最後一個想法「通情達理」。和她一起參加的賓客也很喜歡這想法。據她觀察，「事實就擺在眼前，我們確實受邀來早餐」，所以要他們不喜歡也難。

　　亨利‧詹姆士也喜歡這個想法：一八七〇年代的他很享受早餐，享受到接下邀約前往倫敦半月街，沉浸在與人應酬的你來我往之間，雖害怕但他從不避談讓自己成為討論焦點的問題（畢竟問題無傷大雅，還不至於荒唐），而不只是靜靜在旁觀看。話雖如此，在詹姆士的回憶錄《中年》（*The Middle Years*）裡完整描述經歷的，不屬於這種早餐。這是他在一八七〇年，一個起風陰鬱、英國到不行的早晨抵達利物浦後，在英格蘭吃的第一餐。由於早上才抵達，所以他很晚才在老亞岱非飯店（Adelphi Hotel）的咖啡室吃到早餐（原「雷得里」〔Redley〕，我近來難過地發現舊名已改），心裡五味雜陳：

　　就我觀察，在英格蘭，熱水會直接倒入廢水盂，牛油馬芬糕盤和蓋子再慎重其事放上去……我喝茶、吃馬芬糕時，搭配了一、兩顆水煮蛋，以及少許橘子醬，但我享用最多的是放在遠端的佐料……我在這個午後，又一度有種閒適家常的感受，潮濕黯淡的光線從陡峭漆黑的磚石街道斜斜穿透進來，強風吹得

熱烈燃燒的英國「海煤」劈啪作響。

就連服務生「忠於典型」的形象都讓他印象深刻,「忠於典型的歷史、文學、詩詞和狄更斯」。有鑑於此,對詹姆士而言,這頓早餐既純粹又完美:畢竟早餐的文學性,就是忠於自我。

完美早餐

所有人都可以自由選擇自己的完美早餐,在狄更斯的《荒涼山莊》裡,地位無足輕重的史金波爾先生簡單陳述出自己的選擇:

這就是我簡樸的早餐。有的人早餐想吃牛腿肉和羊肉,可是我並不想。給我水蜜桃、一杯咖啡、一杯淡紅酒,我就心滿意足。我不是想吃這些才吃,而是因為這些食物讓我想起旭日,牛腿肉和羊肉可沒有旭日的感覺,不過是來自動物的食慾滿足。

一八五七年的《湯姆布朗求學記》第一章敘述的早餐:早餐時刻,徹夜趕路的四輪馬車在一間完美純粹的客棧停下腳步,「各位,在這兒休息二十分鐘。」馬伕說。七點半,他們在客棧門外停留,這頓早餐既純粹又完美。作用單純就是溫暖寒冷的讀者,餵飽不知道下一餐會在何處的他們:

一八六八年的油畫，莫內（Claude Monet）的《早餐》（Le Déjeuner）。

餐桌表面覆蓋著雪白發亮的桌巾和瓷器，擺著一個肉餡餅、火腿、巨大公牛身軀割下的冷水煮牛肉，還有擱在木盤的一大條家庭號麵包。接著身材矮胖的服務生領班進入室內，端著一盤菜熱騰騰上桌——腰肉和牛排、透亮的培根和水煮蛋、抹上牛油的土司和馬芬糕、咖啡和茶，全冒著熱氣。所有菜餚無法一口氣放上餐桌，冷肉於是被移放至餐具櫃，只是擺著好看，增加食客食慾罷了。

最近任何曾搭客運夜車從倫敦前往柯克，並在沃特福德停留吃早餐的人，就會了解這段描述給人的溫度和撫慰，只不過二十一世紀的餐桌和餐具櫃不若湯瑪斯‧休斯（Thomas Hughes）十九世紀的想像這麼豐富罷了。

湯瑪斯‧英戈斯比（Thomas Ingoldby，也就是理查‧巴漢〔Richard Barham〕。他在一八四三年《英戈斯比傳奇》〔Ingoldsby Legends〕中，寫下「騎士與淑女」的故事）描繪湯姆斯爵士的早餐，除了場景和人物速寫外，別無其他作用：

看來他享用了
一份輕早餐——有培根、
有蛋——還有一小份炙烤黑線鱈——至多如此

一份半抹上牛油的熱騰騰土司，

搭配一片昨天烤肉剩下的冷牛里肌肉。

接著——我瞧瞧！——

他又喝了兩杯——可能是三杯

（加了糖和奶油）的濃烈珠茶，

加入滿滿一匙上選白蘭地，

——十個人之中恐怕就有九個會搖頭。

　　這份「輕盈」完美的早餐可能讓騎士熱血沸騰過了頭，他接著獵昆蟲去，跌入池塘溺斃，淑女即使為他哀悼，也只在那一時半霎。

　　十九世紀的客棧早餐中，最好的發生在喬治·博羅《威爾斯大荒原》（*Wild Wales*）裡的威爾斯，距離普克勒·穆斯考公爵《旅程》（*Tour*）中的沃本不遠，作用也相同。使得普克勒·穆斯考的讀者很想去摸「銀茶罐秀氣圍繞著的那大茶壺……還有一只牛奶罐」、品嘗「那盤引人食指大動的水煮蛋、芥末烤豬耳」、聞那「以熱水盤保溫的馬芬糕」、嘗嘗「火腿、白麵包片、乾土司和牛油土司」以及「優雅玻璃容器盛裝的上好鮮牛油」，啜一口「上等綠茶跟紅茶」，以上全部只需要「兩先令」。博羅的讀者想像自己坐在一桌「尊貴早餐」前，博羅自己「或許也曾在哪讀過，只是不曾親眼見過如此一桌菜。桌上有茶和咖啡、美味的白麵包和牛油……幾顆蛋和兩塊羊排……炙烤醃製鮭魚……煎烤鱒魚……罐頭鱒魚和罐頭蝦」，然後帶著飽足的胃和心滿意足的

體驗離去。

　　但文學的任務並非只有安撫讀者。本章一開頭引述利奧波德・布魯姆吃的早餐，是於一九二二年出版，我預想這應是第二部完整探索落單早餐客意識的作品。尾聲，我要引述十二年後出版作品的完整段落，相較之下就不那麼撫慰人心。敘述者透過一面法式窗，看見一個對他影響至深、勾住他所有注意力的景象。有位會客室的女僕把托盤擱在桌上：

　　托盤裝得滿滿都是，上面有咖啡壺，還有大量土司，然後是一個覆上蓋子的餐盤。就是最後一樣東西正中要害。蓋子底下的可能是蛋，也可能是培根、香腸、腰肉⋯⋯。

　　我估測可能有五十秒時間執行這嚴峻任務。二十秒偷偷溜進，三秒竊走食物，再留二十五秒潛回樹叢⋯⋯。

　　目睹這一切的《謝謝你，吉維斯》（*Thank You, Jeeves*）讀者都猜到了，計畫失敗。敘述者還在室內就被腳步聲嚇到，他躲在一張書桌後，敵人用接二連三的會議將他困在那，只能眼巴巴看著嗅到他的獵物，他還有時間讓一個富同情心的人發現自己，然後飢腸轆轆地接近對方，「先生，你想吃勳爺的早餐嗎？」要是還有時間，他還真的確實想。

「可是我肚子很餓……你吃早餐了嗎，吉維斯？」

「先生，我吃了。」

「你吃什麼？」

「我喝了柳橙汁，美國麥片『可愛脆餅』、炒蛋搭培根，還有橘子醬土司。」

一九〇四年山謬・厄哈特（Samuel D.Ehrhart）的《應獲英雄基金的候選人》（*Some Deserving Candidates for the Hero Fund*），試吃麥片的男人。

「噢，天啊！全配一杯濃咖啡解決掉了吧？」

「是的，先生。」

「噢，我的天！你真的覺得我不能偷拿一根香腸走嗎？」

　　這時傳來更多腳步聲，這次這位新訪客還是禁不起誘惑，接著就聽見倒咖啡和圓蓋掀起的聲音。「煙燻鯡魚的香氣像是祝福一般飄向我……我注意到每一口都像一把利刃刺入我身體。」會議一場接著一場，甚至討論起沒資格吃早餐的人是否該吃。一杯咖啡和火腿三明治被送到遠處一個人手裡，敘述者更加覺得腸胃空虛，聽到聲音時禁不住嗚咽。討論過程衍生了一個計畫，最後宣布博蒂・巫斯特（Bertie Wooster）被迫接下領導。

「但我有一件事要問。我出來後會有早餐嗎？」

「你會吃到查夫內爾廳供應最好的早餐。」

我目光逡巡，打量他。

「會有醃魚？」

「有一大堆等著。」

「土司呢？」

「堆積如山。」

「還有咖啡嗎？」

「很多壺咖啡。」

博蒂同意了，問題全都迎刃而解，緊接著一章稍微提及他的報酬和留下的證據。最後一個場景，是近午日光落在「四塊煙燻鯡魚魚骨、咖啡壺、還有一個空蕩蕩的土司架上」的畫面。

MATRIMONIAL-HARMONICS.

一八〇五年左右的彩色版畫，詹姆斯‧吉爾雷（James Gillary）的《婚姻合鳴》（Matrimonial-Harmonics），以一連串諷刺婚姻的畫作描繪早餐。他已厭倦音樂，她還興致高昂，誰都不對小嬰兒感興趣。壁爐上，雕刻在瓷器上的愛神死去。

──◆── 後記 ──◆──
戴默的馬芬糕

　　除了揮霍成性、悲慘結局和兩頓早餐外，世上無人記得不幸的約翰‧戴默（John Damer）。

　　出生於一七四三年的約翰‧戴默，是富裕金融家約瑟夫‧戴默（Joseph Damer）三個兒子中的長子。約瑟夫野心勃勃，曾和他發生過衝突的人說，他這個人格外地難以相處。一七七〇年代初期，他三個兒子憑藉「父親一旦過世錢就是他們的」這不爭事實，享遍全倫敦的豪奢樂子。可是他們大錯特錯：他把錢全花在未來的貴族爵位（他帶著多切斯特伯爵的頭銜辭世），以及他的豪宅上──多塞特的米爾頓修道院，以及後來變身多切斯特酒店的公園路宅邸。

　　年紀輕輕的約翰‧戴默第一頓最著名的早餐，就發生在拜訪經濟學家亞當‧史密斯（Adam Smith）的某天早上，不過這是一個心不在焉的教授的故事，不是戴默本人的：關於約翰‧戴默，我們只知道他對政治經濟學很感興趣，讓眾人始料未及。對亞當‧史密斯而

言，瑪麗‧柯克（Mary Coke）的日記清楚說明，就只對經濟學有興趣，其他他一概沒興趣：

有天早上，戴默先生登門拜訪時，史密斯先生正要早餐。兩人深陷對話中，史密斯先生拿起一片麵包和牛油，捲了又捲，然後把麵包浸入茶壺，嘗了一口，說這是他喝過最難喝的茶。戴默先生跟他說，這他毫不懷疑，因為他是用剛才手指捲起的麵包和牛油泡茶。

這頓早餐發生於一七六七年，同年約翰‧戴默結婚，娶了雕刻家安妮‧康威（Anna Conway）。這場婚姻對他完全沒好處。她選擇了自己的性取向，而他則過著跟單身漢沒兩樣的日子，以分毫不減的熱情追求著生活的快感。九年後，他與妻子離異，背了七萬英鎊的一屁股債。他向父親尋求最後協助，可是卻慘遭拒絕，約翰決定了，自己只剩一個辦法。接著他第二頓著名的早餐，就發生在一七七六年八月十五日。

這個故事即刻出現在一封霍勒斯‧渥普爾（Horace Walpole）寫的信裡。霍勒斯是安妮的表弟，他也捲入這場悲劇：

星期四，戴默先生在柯芬園的貝佛灣用晚餐，同行的還有四個默默無名的女人、一名眼盲的小提琴手，就這樣，沒其他男

人。凌晨三點，他先解散小老婆，讓她們每人去吧台領幾尼＊，再請小提琴手半小時後回來。等到小提琴手回來後，他發現四周一片死寂，還聞到彈藥味。小提琴師連忙呼叫，屋主趕了過來，發現戴默先生坐在椅子上，已經沒了呼吸心跳，戴默身旁有一把手槍，口袋裡還有一把。

這時早餐還沒吃。《紳士》（Gentleman）雜誌事後稍微報導該自殺新聞，但沒有輕率供出約翰·戴默的名字，也並未稍微提及早餐（受害者是年收三萬鎊富豪的後裔，雖說如此，事件轉折太撲朔迷離，起因不排除財產以外的可能。根據法官裁定，他有『精神失常』情況。）未刊登的法醫陪審團的紀錄證據說明，除了戴默之外有三名見證人，分別是眼盲的小提琴手理查·博內（Richard Burnet）、房東約翰·羅賓遜（John Robinson），和戴默特別請來的女子「歌手里琪蒙」（Miss Richmond）小姐。這天有用晚餐，可是沒早餐。

三年後，新進展浮出檯面。一七七九年四月十六日，詹姆斯·包斯威報告一段山謬·約翰生與托普漢·鮑克勒（Topham Beauclerk）的重要對話，提及舉槍自殺，正值三十的鮑克勒喜歡為爭而爭，還分門別類說明「想舉槍自盡的聰明人會帶上兩把手槍，以確定能一次斃命」。他接著繼續舉例，提到一個（以他的邏輯來說）愚笨的人，

＊　Guinea，英國舊幣，值一英鎊一先令。

以及一個聰明人：

　　某勳爵的廚子只拿一把手槍自盡，後來整整十天都在死亡邊
　　緣打轉，痛苦不已。某某先生熱愛牛油馬芬糕，但因為吃了以
　　後會胃腸不適，所以他從來不吃。後來他毅然決然舉槍結束生

以蛋為底材的香草馬來雞蛋糕（kuih bahulu），被形容為「馬來西亞海綿蛋糕」，
甚至有「馬來西亞馬芬糕」的別稱。

命，自盡前的那頓早餐，他特地吃了三個牛油馬芬糕，因為他知道接下來不必去煩惱消化不良的問題；他準備了兩把裝滿子彈的手槍。

這故事在一七九一年包斯威的《約翰生傳》出版，該故事主角的名字已被包斯威刪掉了，所以當然任何人都有可能。他的第一個編輯約翰・威爾遜・柯羅克（John Wilson Croker），註腳引用了《紳士》雜誌的新聞，小心翼翼加入戴默的名字。柯羅克編輯一八三一年版的包斯威著作，很可能是印刷物中第一個提及故事主角名字的版本（法官報告仍保有手稿，但事發許久，霍勒斯・渥普爾的信才出現在全集）。到了一八三一年，恐怕已經沒人反對公開戴默的名字，畢竟約翰・戴默的父親和弟弟，以及所有他唯一親近的家人皆已過世，就連他的遺孀安妮・戴默也已不在人世。

這一個故事托普漢・鮑克勒在一七七九年搶先說過，之後又在一七九一年包斯威的著作發行，看得出跟狄更斯在一八三七年出版的《匹克威克外傳》（*The Pickwick Papers*）中，山姆・威勒（Sam Weller）講的「遵守原則自盡的男人」故事是同一個。狄更斯當然是從包斯威的《約翰生傳》借故事靈感，但沒有明確跡象顯示，他也參考過柯羅克的版本。

「你最後吃的東西是什麼？」醫生問。「烤圓餅。」病人答道。「罪

魁禍首就是它了。」醫生說：「我立刻開一盒藥給你，以後別吃了。」病人問：「別吃什麼？藥嗎？」醫生回：「不，我是說烤圓餅。」病人從床上挺直身子驚呼：「為什麼？我遵循原則，過去十五年每晚都吃四個烤圓餅。」醫生說：「這樣啊，那你也可以遵循原則，以後不再吃吧。」病人說：「醫生，烤圓餅有益健康。」醫生氣憤地回他：「烤圓餅才不有益健康。」病人又說：「可是烤圓餅很便宜。」他有點不舒服：「以這價格來說又很有飽足感。」醫生說：「它什麼價格你都愛，有錢拿你更愛。我告訴你，一晚吃四個烤圓餅，六個月後你就等著翹辮子！」病人怔怔看著他，這句話在腦中百轉千迴，最後他才說：「你確定嗎，醫生？」醫生回答：「我能賭上我的專業名譽。」病人問：「你覺得一次要吃幾個烤圓餅才會立刻要我的命？」醫生說：「我不知道。」病人又追問：「你覺得二點五先令的烤圓餅會要我的命嗎？」醫生回答：「有可能。」病人又說：「三先令肯定就會讓我翹辮子吧？」醫生說：「沒錯。」病人說：「那我知道了。晚安。」隔月某天，他起床後，訂了三先令的烤圓餅，全數烘烤下肚，然後轟爆自己的腦袋。

　　山姆・威勒的故事主角不具名（跟一七九一年包斯威出版的一樣），這個事件沒有時間，所有細節皆經過改編，早餐內容大幅增加。哪些改變出現在狄更斯想像的苦難記中，哪些屬於虛擬口述傳統特

色，故事並藉此傳到虛擬的山姆‧威勒耳中，以上都要由狄更斯的批評家決定。

雖然柯羅克表現遲疑，可是答案看似很明確了，托普漢‧鮑克勒舉證的自殺故事主角正是約翰‧戴默，事件正好發生在鮑克勒和約翰生對話前的三年。約翰‧戴默確實有兩把槍，這是鮑克勒故事的唯一重點。如果達到共識，即便故事經過修改，山謬‧威勒的故事講的依舊是約翰‧戴默。

不過關於故事的根源，還是有個未解疑雲。最接近事件真相的一項報導，也就是托普漢‧鮑克勒的故事，提及三個牛油馬芬糕，另外兩個貼近事實的報導即法醫報告和渥普爾的書信中提到的四名娼妓。但沒有一篇報導結合以上所有元素，若某個來源指出一個事件的一大情節，第二個來源指出另一個截然不同卻同樣重大的情節，謹慎小心的歷史學家會遲疑，要怎麼結合這兩個故事來源，寫進歷史：他反而會想問，是什麼促成這個局面。是否托普漢‧鮑克勒過於緊追諺語原意，把深夜縱慾換成牛油早餐？或是，從歷史和記憶向來常忽略早餐這點來看，會不會是房東和眼盲的小提琴手串通好，故意不提及馬芬糕的事？

馬芬糕,但不是
約翰‧戴默吃了
自盡的那種。

薑梨馬芬糕 ━━━━━━━━━━

不必多說，這屬於美式馬芬糕。約翰・戴默舉槍自盡前吃的英式馬芬糕，是不加梨子或薑的。

中筋麵粉：150克

燕麥麩：120克

黃砂糖：90克

泡打粉：1湯匙

鹽巴：1/2茶匙

肉桂粉：1/2茶匙

脫脂奶（酪乳、酪漿）：180毫升或優格：180克

蔬菜油：60毫升（4湯匙）

打好的蛋：1顆

去皮切塊的小梨子：3顆

切好的糖薑：75克

拿一個大碗，同時篩麵粉和其他乾燥材料入內。將脫脂奶或優格、食用油和蛋攪拌，接著加入剛混勻的麵粉。別過度攪拌，否則馬芬糕會太稠，如果有幾小塊沒攪開也無所謂。拌入梨子和糖薑，倒入馬芬糕杯模，以兩百度烤二十分鐘。

烤圓餅 ———————————————

（以下分量約是十五份烤圓餅）

高筋麵粉：200 克
鹽巴：1/4 茶匙
小蘇打：1/4 茶匙
乾酵母：1 茶匙
熱牛奶：175 毫升
熱水：200 毫升
烤圓餅用的食用油
上桌塗抹的牛油

取一個大碗，篩過麵粉、鹽巴和小蘇打，拌入乾酵母。在中心挖出一個洞，倒入牛奶和水，攪拌成濃稠的糊狀。拿一個木湯匙攪打約五分鐘，再蓋起來，並在溫暖處放置一小時，等麵團發起來。再繼續攪打兩分鐘，倒入罐中。

加熱一不沾炒鍋，抹上少許食用油。使用四個烤圓餅專用的圓形模（或是直徑七點五公分的酥皮切刀）：裡層抹油，溫度夠熱時置於炒鍋表面，加熱圓形模（約兩分鐘）。接著往每個圓形模中倒入麵糊，達約一公分厚，加熱六分鐘，直到表面凝固成形。然後移除金屬圓形模，在炒鍋上將烤圓餅翻面，再熱約一分鐘。做好的圓餅放在鐵絲架上，繼續完成剩下的麵糊，每一次重複都要在炒鍋表面和圓形模上抹油。

然後，上桌前烘烤圓餅，搭配牛油熱騰騰享用。

法式土司 ─────────────

在眾多製作蛋類早餐的方法中,以下三種食譜需將蛋攪拌合一,會破壞蛋的原形,使人再也吃不出蛋白和蛋黃之別。這不是在抱怨,只是分享我個人小小的觀察。

蛋:2顆
牛奶:1湯匙
鹽巴和胡椒
土司麵包:3、4片
牛油、豬油或者最好用培根油下去煎

牛奶和蛋一起打,加一點鹽巴和胡椒,將土司麵包浸入打好的蛋液。取一炒鍋,融化牛油、豬油或培根油,然後煎法式土司,直到兩面都金黃焦香。趁熱上桌大快朵頤。

炒蛋

炒蛋不是一種食譜，而是一種食譜的流派
或傳統。下列簡易的炒蛋食譜是一人份，
數量可以增加，這樣的話烹煮過程也會拉
長。

蛋：2顆
牛奶：少許
鹽巴和胡椒
牛油塊

豪華版：瑞士炒蛋，以炒鍋上菜。

蛋和牛奶一起打，鹽巴和胡椒調味。大鍋裡融化二十五克牛油，趁冒泡還
沒焦黃前，倒入剛打好的蛋液。用抹刀以平面橫切過去，使蛋慢慢凝固成形，
趁還呈現些許液狀、質感滑順時關火，再加一點牛油，輕輕攪拌。

在熱土司上塗抹牛油，表面倒上蛋，要是在倒入蛋之前，把土司像井字遊
戲切成九塊，滋味會更美味（至少我老媽以前就是這麼做的）。

覺得炒蛋味道有點無聊的人，當然可以淋上大量番茄醬（我看過兩者比例各
半），或是可以採用更冒險一點的作法，下一個食譜會示範。

瑞士炒蛋

這個分量夠供四到六人。程序採用隔水燉煮鍋的方法，利用兩個鍋子，一個疊在另一個之上。下層裝滿水的鍋子負責加熱，上層鍋內的食物會隨著溫度升高，慢慢溫和地煮熟。這份食譜所需時間會遠遠超出前一個（當作周末早餐食譜用），不過結果會值回票價。

蛋：8 顆
淡鮮奶油：120 毫升
鹽巴：1/2 茶匙
番椒粉：一小撮
乾酪粉（例如：葛瑞爾乳酪）：110 克
牛油或乳瑪琳：50 克
剁碎的細香蔥或荷蘭芹：1/2 茶匙

上層鍋裡，一併攪拌蛋、鮮奶油、鹽巴和番椒粉，直到混勻為止。攪拌四分之三乾酪粉及牛油或乳瑪琳。以小火滾水煮，不時攪拌約十五分鐘，直到蛋已凝固但質感仍為滑順。灑上剩餘的乾酪粉和細香蔥或荷蘭芹，即可上桌享用。

餅乾配肉汁 ━━━━━

約翰・史坦貝克的《憤怒的葡萄》中,三〇年代奧克拉荷馬州的喬德家早餐,
主要就是餅乾配肉汁(詳見第23頁)。這道菜其實沒有英國讀者想的那麼稀
奇古怪,有的人可能甚至會想試試看。以下是食譜,先從餅乾準備起:

自發麵粉:225克
鹽巴:一小撮
牛油或豬油:50克
牛奶:150毫升

麵粉和鹽巴一起篩過,加入牛油或豬油,倒入牛奶,製成麵團。輕柔搓揉
約半分鐘,滾成兩公分厚(或更薄一點),再用餅乾模切成直徑約五公分的
圓形,以兩百二十度高溫烤十二至十五分。

這時,開始煎培根,同時跟著以下步驟製作肉汁:

培根肉汁:2至3湯匙
麵粉:2湯匙
牛奶:140毫升
鹽巴和胡椒

以製作白醬的方式,使用培根肉汁和麵粉做油糊,然後慢慢倒入牛奶,加
上鹽巴和胡椒變稠後肉汁就完成了。培根和餅乾上桌,淋上肉汁。

印尼炒飯 ———————

來到馬來西亞、新加坡或印尼的人，早餐時也許有一、兩次，或幾乎天天都吃得到印尼炒飯（nasi goreng）或從它演變而來、其他形式的炒飯。由於食譜用的材料大多已經煮好，所以準備過程很快速，而「快速」也是早餐相當重要的條件。請跟著以下食譜做，別忘了還有炒蛋。

蒜瓣：2片
紅蔥頭：3份
綠色辣椒：2條
蔬菜油：2湯匙
煮好的雞胸肉（切條狀或切絲）：2份
磨碎的胡蘿蔔：1條
煮好的冷飯：150克
醬油或魚露（印尼甜醬油）：2湯匙
炒蛋：1顆
切好的青蔥：3份

剁碎蒜頭、紅蔥頭和辣椒，以蔬菜油炒兩至三分鐘，加入雞肉和胡蘿蔔，然後倒入飯。拌炒後加入醬油或魚露，以炒蛋和青蔥裝飾調味。

菠菜盒子 ━━━━━━━━━━

如果希臘人第一頓早餐是咖啡，那麼第二頓很可能就是上班途中吃的熱騰騰酥餅。菠菜盒子（或稱菠菜派餅）當屬最好吃的一種。這道菜很難在家裡從頭做起，太耗時了，不過倒可以在烘焙坊買到，回家再重新加熱。以下食譜能做出六人份。

曬過擠乾的菠菜：1公斤

切成條狀的青蔥：4份

剁碎的蒔蘿：一小把

羊乳酪碎片：250克

乾酪粉（像凱法洛乳酪等硬乳酪）：50克

打好的蛋：2顆

鹽巴和胡椒

酥皮紙：1袋

橄欖油

包有乳酪的菠菜派餅 —— 希臘傳統菠菜盒子。

混合菠菜、青蔥、蒔蘿、兩種乳酪和蛋，加入鹽巴和胡椒調味好並試味道，餡料即完成。一次取一片酥皮紙，塗上食用油，沿著酥皮紙放上一些餡料，捲成管狀，再捲成螺旋狀。螺旋放在烤盤上，有開口的那端向下塞，抹上油，以一百八十度高溫，烤四十至五十分鐘。

粥

先說清楚：這是燕麥粥。不過還是有個問題：該從何準備起？要是你依循傳統，用真正的燕麥準備，建議你最好浸泡過夜。事先稍微浸泡也不會影響到暢銷的現代「麥片粥」。以下為一人份。

燕麥：50克，或半杯
水或牛奶，或者兩者各半：300毫升，或1½杯
鹽巴：一小撮

這裡已經提出第二個問題：要用什麼煮燕麥。我會建議用牛奶和水比例各半下去煮，我也不想理那些跟我說鹽巴對身體不好的養生作家。我沒吃到鹽吃死，況且我也不是唯一一個這樣的人。如果你選的是麥片粥，方法如下。程序會需要用到十分鐘左右，請注意，要是用真正的燕麥下去煮，則會更耗時，大約需要半小時。

粥燕麥以及牛奶或水倒入小平底鍋，以文火煮，不時攪拌。開始滾後，將火轉小，繼續煮幾分鐘。要經常攪拌，不要讓材料黏在平底鍋底。攪到稠度是你要的為止。

使用粥燕麥的話，可以拿一個玻璃碗，直接放進微波爐完成。所需時間差不多，可是不必攪拌。我排除用微波爐（占空間，雖然粥是微波爐唯一能製作出來的好東西，但是買微波爐並不划算），不過我幾乎每次都不會忘記要攪拌平底鍋。最後一個問題來了：要和什麼材料混合成粥。不去顧慮養生作家的話，可以混合全脂牛奶，甚至鮮奶油，此外還可加入糖（或蜂蜜）。

傳統蘇格蘭人不加糖，而是加鹽。有些較不傳統的人，則是加入新鮮水果或果乾，還有堅果，最後會做成一碗熱呼呼、水分充足的果麥。

最後一個問題是，是否要保留部分粥，放冷才吃？潮流趨勢已經指出答案了：出於某個原因，放入蘇格蘭廚房的粥櫃，等到冷卻凝固才吃的老習俗，現在大多已遭到摒棄。

芥末腰肉 ━━━━━━━━

「若你不喜歡腰子,或者不太確定自己喜不喜歡,」休・芬利・懷廷史托(Hugh Fearnley-Whittingstall)在《河畔木屋的肉品烹飪書》(*The River Cottage Meat Book*)鼓勵大家,「那這就是你要的食譜。」對此喬伊斯《尤利西斯》的利奧波德・布魯姆(詳見196頁)也毫不懷疑。芬利・懷廷史托又補充說明,這道菜準備時間只需幾分鐘,充分解釋了它在喬伊斯世界外人氣居高不下的原因。《河畔木屋的肉品烹飪書》的食譜有著值得讚揚的養生考量,提供眾人「一點點脂肪或油(葵花油或橄欖油)」的選擇,但不會要你把腰子裹上麵粉。紅醋栗果醬的地位很難打敗,不過實驗看看倒也無妨。下列為兩人食譜。

切成四等分的羊腰肉:4份
番椒、鹽巴和黑胡椒
乾陳年雪莉酒:2湯匙
紅醋栗果醬:1茶匙
芥末:1湯匙
黑胡椒和番椒粉

麵粉:1湯匙
煎炒用的牛油(或食用油)
酒醋:1湯匙
梅林辣醬油:1湯匙
高脂奶油:1湯匙

羊腰肉灑上已經混有鹽巴和番椒粉的麵粉,以牛油或食用油煎一分鐘,加入雪莉酒,再來是酒醋、紅醋栗果醬,攪拌均勻。接著倒入梅林辣醬油和芥末。最後加上奶油,繼續在鍋中煮數分鐘,可加入少許磨碎的黑胡椒,再灑上一些番椒粉。你會想搭配著吃的,應該是土司或煎麵包,再不然就是餅乾(《憤怒的葡萄》的那種,請見上述的「餅乾配肉汁」食譜),浸入醬汁上桌。

墨西哥式蛋餅

這道菜很可能是中東的茄汁香料水波蛋，經過飄洋過海，搖身變成墨西哥的一道美食。這道墨西哥蛋料理在國際間赫赫有名。

首先是兩顆蛋要分開作業（這下就變分手蛋），那就替每顆蛋分別製作醬汁，一種用甜紅椒，另一種用青椒。

墨西哥式蛋餅。先不管是否在墨西哥發明，這道菜餚已被認定為傳統墨西哥早餐。

中等大小切片的洋蔥：1顆

切好的青椒和黃椒：各半顆

搗碎的蒜瓣：1顆

罐裝番茄：1罐（約400克）

辣椒粉：1/2茶匙（或視個人口味再加）

孜然粉：1/2茶匙

匈牙利紅椒粉、鹽巴、胡椒

新鮮剁碎的香菜：1湯匙

墨西哥烤餅：4份

炒蛋：4顆

塔巴斯柯辣椒醬（Tabasco）：可依個人口味做調整

爆香洋蔥和彩椒，加入蒜頭，炒到蔬菜變軟。倒入番茄、辣椒粉和孜然粉，調味燜煮十分鐘，直到變稠為止。灑上香菜，與柔軟的墨西哥烤餅和炒蛋一起享用。

也常加入重新炒過的豆子，更不按牌理出牌的人甚至會加乳酪或酸奶。

吉拿棒

這道料理可能是中國南方傳來的油條，重獲新生的樣貌。

低筋麵粉：180克
泡打粉：1茶匙
鹽巴：1茶匙
水：500毫升
下鍋炸的食用油
灑在吉拿棒表面的砂糖和肉桂粉

吉拿棒，亦即西班牙的甜甜圈。

麵粉和泡打粉、鹽巴一起篩過，拿一平底鍋，倒入麵粉前先等水滾達沸點，然後以木製湯匙攪拌，直到麵團漸漸不再黏著鍋子邊緣。關火，繼續拌攪到質地滑順。

取一炸鍋加熱大量食用油，油滾燙時，將麵團從擠花袋的管嘴擠進鍋裡，形成長條狀。油炸，翻面，整整炸兩至四分鐘後，以廚房用紙吸掉多餘的油。

食用時灑上砂糖和肉桂粉，或可以沾濃稠的熱巧克力吃。

印度燴飯 —————————

印度燴飯來自中世紀印度早餐、混合米飯和豆類的起源，在第三章已有著墨。首創加魚入菜的恐怕是英國人。在今日的英格蘭，這道菜依舊是「亂七八糟把魚亂煮一通」，配米飯一起吃，和亨利・尤爾和安德魯・柏奈爾在十九世紀英屬印度辭海《霍布森－喬布森》裡，熱血描述的印度燴飯如出一轍，不過這樣反而更好吃。

煙燻黑線鱈：450克

牛油：一整條

印度香米：175克

咖哩粉：1湯匙

水煮蛋：3顆

鹽巴和胡椒

剁碎的荷蘭芹：一小把

金色葡萄乾：一把（可加可不加）

芒果等口味的甜酸醬、茄子醃菜醬、酸檸檬醬

加水量剛好淹過黑線鱈並水煮，後去皮擱置一旁，留下煮剩的水。取一大鍋融化牛油，煮香米和咖哩粉，煮到米粒晶透。鍋中加入近米飯兩倍的水（包括剛才水煮魚用的水），蓋緊鍋蓋，慢火煮八分鐘。之後加入煮好的魚肉，輕輕打碎魚肉，再倒下兩顆隨意切過的蛋。以胡椒和少許鹽巴調味，重新蓋上鍋蓋，煮三至四分鐘，然後邊用叉子攪鬆飯邊加入魚和蛋攪拌。以溫熱的盤子端上桌，灑上荷蘭芹裝飾，喜歡的話也可加上金色葡萄乾，再加一顆蛋（分成四等分），還有個人選擇的醬料。

印度抓餅 ━━━━━━━━━━━━━

印度抓餅不需要填料，可是以下的食譜參照瑪荷・佳弗瑞（Madhur Jaffrey）在
《不可或缺的瑪荷食譜》（*The Essential Madhur Jaffrey*）講解的作法，所以有建議
餡料，很適合早餐場合，因為部分使用食材（水煮馬鈴薯）已經煮好。以下
食譜能做出八份抓餅。

蔬菜油：約9湯匙

全麥麵粉：115克

低筋麵粉：115克（多備用一些最後灑上）

水：175毫升

鹽巴：1/2茶匙

麵粉和鹽巴混勻，以手指搓揉入兩湯匙的油，然後慢慢加水，製成柔軟的
麵團。揉製十分鐘，然後放在碗中，上面蓋一塊濕布，靜置約半小時。

再次揉製麵團，分成八等分。一次揉一塊，同時其他的要蓋上濕布。揉成
球狀，在灑上麵粉的桌面滾，滾出九公分的圓形。

依個人選擇，加入一茶匙餡料，然後合起邊緣旋轉，牢牢封起餡料。把麵
團球翻過來，再滾成十五公分寬，黏稠的話就再灑麵粉。小火熱油鍋，倒
入一茶匙食用油。等到油夠熱，丟抓餅下去煎。兩分鐘後，在還沒煎的那
面抹上一茶匙食用油，再翻面。煎好的那面應該有焦酥的斑點。另一面煎
三分鐘，要是顏色太焦調小火侯：包括餡料在內都需要煎熟。煎其他抓餅時，
每一塊煎好的抓餅都要用鋁箔紙包好保溫。

餡料

中等大小的水煮馬鈴薯：2顆

剁得細碎的小洋蔥：1顆

剁碎的綠色辣椒（要的話可剔除籽）：1顆

印度什香粉：1/2茶匙

孜然粉：1/2茶匙

磨碎的薑：一小塊

切過的綠香菜：一小把

搗碎以上材料便可製成印度抓餅的餡料。

印度抓餅，北印度的傳統扁麵包，現在在印度次大陸儼然是無人不曉的一道料理。當早餐吃的話，可以填入馬鈴薯、印度乳酪，或椰汁肉醬咖哩。

鰻線

我問我一個鄰居，他印象中最有異國風味的早餐是什麼，得到的答案是東柏林的鰻線和啤酒。

鰻線是年幼的歐洲鰻鱺鰻魚，但其實不算太年幼，也有三歲。牠們隨波逐流，跟著墨西哥灣流，一路從馬尾藻海來到歐洲河域下流。直至今日，牠們每年春天仍會成群結隊游到這裡。若在不遠的將來，鰻線和墨西哥灣流不再，就不再有歐洲季節性美食鰻線。若牠們持續抵達河域，多數鰻線會繼續在上游的路上死亡，水壩和瀑布水位使得這段旅程逐年艱辛。鰻線漁夫能為牠們做的，就是幫助一大部分鰻線繼續往上游，然後捕獲其他抵達上游的鰻線。優秀漁夫會這麼做，如此合作之下，早餐吃幾條季節性的鰻線也無傷大雅。

用鹽水清潔沖淨鰻線數次，等到鰻線不滑溜，就用培根油煎一分鐘左右。鰻線在新鮮時呈現透明（因得另一名「玻璃鰻」），煮熟後色白不透明，搭配啤酒享用，或是跟英格蘭西南部一樣，配蘋果酒喝。

這是最簡單的作法，另外還有幾種作法，其中一種是把打好的蛋加入正在煎鰻線的鍋中，做成鰻線歐姆蛋。還有一種是在煎魚前醃泡、裹上麵粉：安東尼・沃羅・湯普遜（Antony Worrall Thompson）建議稍微浸泡在牛奶裡，並用橄欖油和檸檬汁、些許乾辣椒和蒜瓣醃泡，滾上混入番椒粉和蒜香鹽的麵粉，接著下去油炸。好吃是好吃，但這並不是柏林的道地作法。

豬肉咖哩 ━━━━━━━━━━

我印象中吃過最有異國風味的早餐，就是在泰北村落吃到的狗絞肉。為保證最佳品質，有人建議我一定要選棕狗肉，不要用黑狗肉。但我以後應該不會再試了。對一次都不想試的人，我在此提供的食譜美味依舊不減，味道很接近，更棒的是這裡用的是豬絞肉。

以下食譜為四人份。

花生油（或橄欖油）：2湯匙　　　　　芥末籽：2湯匙

孜然粉：2茶匙　　　　　　　　　　薑黃粉：1茶匙

印度什香粉：1茶匙　　　　　　　　搗碎的蒜瓣：3片

磨碎的新鮮薑：20克　　　　　　　切好的洋蔥：2顆

絞肉（例如豬肉）：800克　　　　　水：125克

剁碎的新鮮香菜：1/4杯

在炒鍋中熱食用油，先炒芥末籽兩分鐘左右，不斷攪拌。然後加入孜然粉、薑黃粉、印度什香粉，繼續煮兩分鐘。倒入蒜頭、薑和洋蔥拌炒，直到洋蔥變軟，最後把絞肉倒進鍋中炒到熟透為止。炒鍋倒入水，燜煮約十五分鐘。關火，開動前灑上香菜。

配糯米吃，要是沒有糯米，一般米也可以。

熱十字麵包 ━━━━━━━━━━

熱十字麵包是山謬・約翰生在耶穌受難日吃到的早餐（詳見182頁），這些熱十字麵包百分之百是手工的，這份現代食譜採用的是蒂麗亞・史密斯（Delia Smith）的版本。

砂糖：50克和1茶匙

熱水：150毫升

乾酵母：1湯匙

低筋麵粉：450克

鹽巴：1茶匙

綜合香料（肉桂、肉荳蔻和五香粉）：1茶匙

小葡萄乾：75克

切好的雜果皮：50克

熱牛奶：50毫升

打好的蛋：1顆

融化的牛油：50克

熱水中攪拌一茶匙砂糖，灑上乾酵母，直到表面形成泡沫。同時在攪拌碗裡篩麵粉、鹽巴和綜合香料，加入剩餘的糖、小葡萄乾和雜果皮。在中央挖出一個凹洞，倒入混合酵母的材料和熱牛奶、打好的蛋和融化的牛油。一開始用木湯匙，之後用手混合製成麵團。若還需要牛奶再加。在乾淨桌面揉製麵團約六分鐘，直到光滑有彈性。然後放回碗裡，蓋上保鮮膜，置於溫暖的環境約一小時，等麵團發起來。再揉一次麵團，揉回原來的大小。

把麵團分成十二個小圓麵包，間隔著放在抹油的烤盤上，在每個麵包表面以刀子劃出深深的十字痕，然後蓋上保鮮膜擱置。約半小時內，等麵包再發一次。同時以兩百二十度預熱烤箱，麵包烘焙約十五分鐘，麵包出爐後，在表面塗上糖漿：

砂糖：2湯匙
水：2湯匙

以小火融化糖和水，麵包一烤好，刷上黏稠的糖漿。

免烘烤的燕麥棒 ━━━━━━

以下食譜可製作十二條燕麥棒（要是你有十二個小孩，每個人的午餐盒就正好各有一條了）。

兩根營養滿點的燕麥棒。

燕麥粒片：180克
切好的核果、杏仁或兩者混合堅果：150克
牛油：40克
蜂蜜：120毫升
黑糖：45克
花生醬：120克
葡萄乾：75克

在二十三公分的烤盤表面鋪上烘焙紙，在已預熱的烤箱烤燕麥和堅果，然後放置一旁。融化牛油和蜂蜜、糖和花生醬，再倒入烤好的燕麥堅果與葡萄乾，均勻混合，穩固壓入烤盤。放涼，等到完全定型，再切成燕麥棒。

柳橙蘋果醬 ————————————

英式早餐要是沒有橘子醬，似乎就少一味。現代的橘子醬可用萊姆乃至葡萄柚等柑橘類水果榨出的果汁製作。塞爾維亞柳橙多了股甜橙沒有的辛味或苦澀，這種柳橙應該就是最佳人選，由於很多英國人自製橘子醬，所以這種柳橙在英國也很容易買得到。多虧有蘋果酒，這個食譜（乃出自約克夏電視台多琳・亞樂絲〔Doreen Allars〕的《農舍廚房節目》〔*Farmhouse Kitchen*〕），即使使用甜橙也完全行得通。

柳橙（最好用塞爾維亞柳橙）：700克
兩顆檸檬榨的果汁
蘋果酒：1公升
水：600毫升
糖：1.4公斤

清洗柳橙，切對半，擠出果汁、取出果核。果皮切成細長條狀。檸檬對半切，擠出果汁和果核。將柳橙皮和柳橙汁與檸檬汁，連同蘋果酒和水倒入大鍋。將果核裝入棉紗袋束起，丟進鍋裡。

加熱至沸點，然後慢火燉約一個半小時，或煮到果皮柔軟為止。同一時間，在一百一十度的烤箱內熱一碗糖。取出乾淨的罐子，放在烤箱最不熱的地方加熱。

從鍋中取出裝有果核的紗棉袋，擠出袋子裡的水分，然後丟掉。倒入加熱過的糖攪拌，不讓水滾，直到糖溶解為止。然後等水滾，快速滾到凝固點。想要測試是否達到凝固點，就在冷碟中倒入一點橘子醬，等它慢慢冷卻，接著傾斜碟子。如果橘子醬流動時表面出現皺折，就表示已經達到凝固點，如果沒有皺折，持續煮，再測試看看。

橘子醬達到凝固點後，就不要繼續加熱，以鐵湯匙撈出浮渣。讓橘子醬冷卻約半小時：冷卻時會逐漸變濃稠，在這種稠度下，果皮就不會浮到果醬罐上方。封起果醬罐口，要是有圓形薄蠟紙，就封在橘子醬表面；若是沒有也無所謂，不過要趁橘子醬還很燙時，趕緊牢牢封好果醬蓋子。

要是封得夠牢，橘子醬就可以保存好幾個月，就算放好幾年也不成問題。

塗抹在一片麵包上滿滿的手工杏桃醬。比起橘子醬，有的人偏好杏桃醬。

謝辭

感謝蘇珊・溫賈爾登（Susan Weingarten）提供的猶太教法典資料。我還要特別感謝瑞秋（Rachel），沒有妳的協助，食譜部分便可能無法誕生。

品味事典 ⑲
早餐之書——一場穿越時間與空間的早餐之旅

作　　者──安德魯·道比
譯　　者──張家綺
主　　編──林芳如
編　　輯──謝翠鈺
企　　劃──林倩聿
美術設計──莊謹銘
內頁排版──宸遠彩藝

總　編　輯──余宜芳
發　行　人──趙政岷
出　版　者──時報文化出版企業股份有限公司
　　　　　　10803台北市和平西路三段二四〇號四樓
　　　　　　發行專線─（〇二）二三〇六六八四二
　　　　　　讀者服務專線─〇八〇〇二三一七〇五
　　　　　　　　　　　　　（〇二）二三〇四七一〇三
　　　　　　讀者服務傳真─（〇二）二三〇四六八五八
　　　　　　郵撥─一九三四四七二四時報文化出版公司
　　　　　　信箱─ 臺北郵政七九~九九信箱
時報悅讀網──http://www.readingtimes.com.tw
法律顧問──理律法律事務所陳長文律師、李念祖律師
印　　刷──和楹彩色印刷有限公司
初版一刷──二〇一四年十月三日
初版三刷──二〇一八年七月三十一日
定價──新台幣三五〇元
（缺頁或破損的書，請寄回更換）

國家圖書館出版品預行編目資料

早餐之書：一場穿越時間與空間的早餐之旅 / 安德
魯.道比作；張家綺譯. -- 初版. -- 臺北市 : 時報文化,
2014.10
面；　公分. -- (品味事典 ; 19)
譯自 : The breakfast book

ISBN 978-957-13-6072-0(平裝)

1.飲食風俗　2.歷史

538.709　　　　　　　　　　　　　　103017659

ISBN 978-957-13-6072-0
Printed in Taiwan